田连元 大话成语 ①

北京大学出版社
PEKING UNIVERSITY PRESS

图书在版编目（CIP）数据

田连元大话成语.1／田连元著.—北京：北京大学出版社，2009.1
ISBN 978-7-301-14362-9

Ⅰ.田… Ⅱ.田… Ⅲ.①汉语－成语－通俗读物②评话－作品集－中国－当代
Ⅳ.H136.3-49　I239.8

中国版本图书馆CIP数据核字（2008）第162292号

书　　　　名：	田连元大话成语.1
著作责任者：	田连元　讲解　　《考试在线》数字频道
责 任 编 辑：	丁　超
标 准 书 号：	ISBN 978-7-301-14362-9/G·2472
出 版 发 行：	北京大学出版社
地　　　　址：	北京市海淀区成府路205号　100871
网　　　　址：	http://www.pup.cn
电　　　　话：	邮购部62752015　发行部62750672　编辑部62750112
	出版部62754962
电 子 邮 箱：	pw@pup.pku.edu.cn
印 　制 　者：	北京汇林印务有限公司
经 　销 　者：	新华书店
	730mm×980mm　16开本　15印张　150千字
	2009年1月第1版　2009年1月第1次印刷
定　　　价：	39.00元

未经许可，不得以任何方式复制或抄袭本书之部分或全部内容。
版权所有，侵权必究
举报电话：010-62752024　电子邮箱：fd@pku.edu.cn

出版前言

上下五千年，路漫漫其修远。浩瀚的历史长河中，炎黄子孙创造了璀璨的文明，作为历史的缩影、智慧的结晶、语言的精华，蔚为大观的中华成语处处闪烁着睿智的光芒，是中华民族丰富的文化瑰宝。中华成语不仅语言华美凝练，出处确凿有据，更闪耀着中国古人思想和智慧的光芒。阅读成语故事，了解成语的出处、典故，是学习中华历史文化的极佳途径。

近期，著名评书艺术家田连元老师在《考试在线》数字电视频道主讲《大话成语》电视评书栏目，田连元老师选取人们日常生活中常见却一知半解的600多个成语，娓娓道来、融会贯通，细说成语典故，辨析成语含义，纠正人们平常对成语的误用。本书即根据此栏目集结整理而成，全书语言风格诙谐幽默，内容上则普及汉语知识、钩沉古代历史，让读者在赏心悦目的阅读享受之中，能充分领略评书艺术的独特神韵，并加深对中国传统文化的认识和理解，真正做到寓教于乐、雅俗共赏。

由于水平所限，本书的出版工作肯定会有不足之处，我们恳切希望广大读者提出宝贵意见，以便我们不断的提高和进步。

目录

精卫填海	001	牛鼎烹鸡	017
夸父逐日	002	千头木奴	018
愚公移山	003	千金买邻	019
牛衣对泣	004	绿珠坠楼	020
爱鹤失众	006	千里命驾	021
断鹤续凫	008	千夫所指	023
佝偻承蜩	009	千里莼羹	024
磨杵成针	010	千日醉酒	025
羊质虎皮	011	千金买骨	026
前倨后恭	013	齐人攫金	028
千金买赋　金屋藏娇	014	攀龙附凤	029
米珠薪桂	016	齐大非偶	030

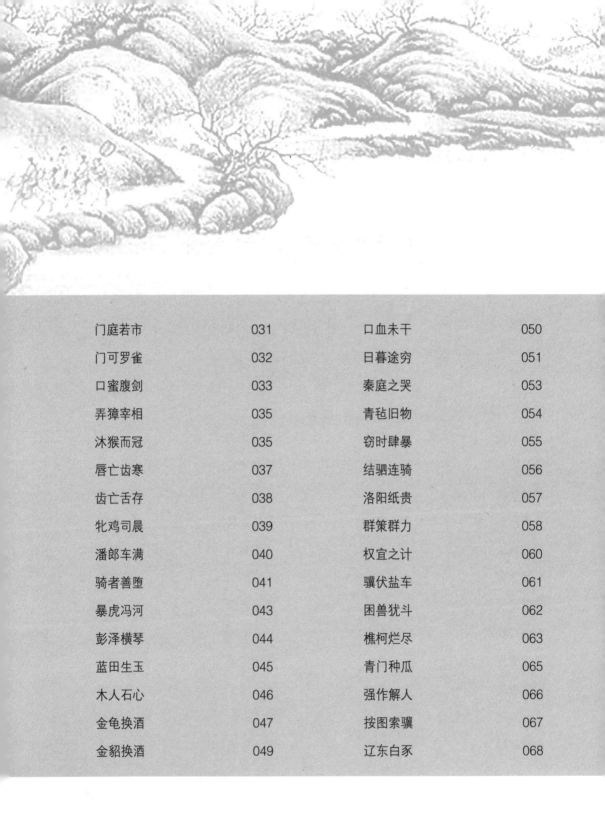

门庭若市	031	口血未干	050
门可罗雀	032	日暮途穷	051
口蜜腹剑	033	秦庭之哭	053
弄獐宰相	035	青毡旧物	054
沐猴而冠	035	窃时肆暴	055
唇亡齿寒	037	结驷连骑	056
齿亡舌存	038	洛阳纸贵	057
牝鸡司晨	039	群策群力	058
潘郎车满	040	权宜之计	060
骑者善堕	041	骥伏盐车	061
暴虎冯河	043	困兽犹斗	062
彭泽横琴	044	樵柯烂尽	063
蓝田生玉	045	青门种瓜	065
木人石心	046	强作解人	066
金龟换酒	047	按图索骥	067
金貂换酒	049	辽东白豕	068

暮夜无知	070	橘化为枳	092
南山可移，判不可移	071	开门揖盗	093
牝牡骊黄	073	剖腹藏珠	094
茕茕孑立	074	安步当车	095
胶柱鼓瑟　纸上谈兵	075	安贫乐道	097
围魏救赵　孙庞斗智	077	狂奴故态	098
入幕之宾	080	龙蛇飞动	099
请君入瓮	081	竭池求珠	100
两虎相斗　负荆请罪　刎颈之交	082	竭泽而渔	101
		举案齐眉	103
户限为穿	084	不因人热	105
侯门如海	085	众志成城	105
蕉鹿之梦	087	三人成虎	107
黄粱美梦	088	项庄舞剑　发指眦裂	108
奇货可居	089	怒发冲冠　完璧归赵	111
待价而沽	091	杳如黄鹤	113

人神共愤	114	切齿拊心	135
如坐针毡	116	图穷匕见	136
马革裹尸	117	枕戈待旦 先我着鞭	138
虎符救赵	118	面无人色	139
楚囚南冠	121	移花接木	141
髀肉复生	122	噤若寒蝉	143
三户亡秦	123	龙泉太阿	144
求田问舍	125	青鸟使者	145
色衰爱弛	126	绠短汲深	146
咄咄书空	128	暗度陈仓	147
结草衔环	129	九牛一毛	148
举袂成幕 连衽成帷 挥汗成雨	130	沧海遗珠	150
		国士无双	151
蜂目豺声	131	居官守法	152
故剑情深	132	忠言逆耳	153
六月飞霜	134	邹缨齐紫	154

刻画无盐	156	目不识丁	175
尹邢避面	157	要言不烦	176
蓬头历齿	158	寥若晨星	177
百折不挠	159	惜玉怜香	178
宽猛相济	160	杏林春满	180
攻苦食淡	161	数典忘祖	181
亲痛仇快	162	利令智昏	182
奉令承教	163	吴牛喘月	183
轻裘缓带	165	唱筹量沙	184
半面之交	166	不欺暗室	186
优孟衣冠	167	病入膏肓	187
包藏祸心	169	博士买驴 三纸无驴	188
乌合之众	170	非驴非马	189
抱薪救火	171	不食周粟	190
鞭长莫及	173	冰清玉润	192
蟾宫折桂	174	君子固穷	193

定于一尊 焚书坑儒	194	黄袍加身	213
杵臼之交	196	洪乔捎书	214
分我杯羹	197	噬脐莫及	215
杜渐防萌	198	归马放牛	216
无出其右	200	合浦珠还	218
呆若木鸡	201	更令明号	219
临渴掘井	202	束蕴请火	220
期期艾艾	203	狗猛酒酸	221
断头将军	204	再作冯妇 负隅顽抗	222
大树将军	206	鼓盆之戚	223
亡戟得矛	207	弄玉吹箫	224
首鼠两端	208	管中窥豹	225
倒屣相迎	209		
割席分坐	210	大话成语全套书索引	227
高屋建瓴	211		

精卫填海
jīng wèi tián hǎi

——出自《山海经·北山经》

很多成语都是从古代流传下来的，这次说的成语就是古代三皇五帝时候的故事，叫"精卫填海"。

三皇，是传说中中国古代最早的三个帝王，即天皇、地皇、人皇，也就是伏羲、神农、轩辕。神农又叫炎帝，他有很多子女，最小的一个女儿叫女娃。女娃生性聪明伶俐，非常喜欢游泳，经常到东海里边游泳，游泳的技术非常好。

这天女娃又去东海游泳。不幸的事发生了，海上突然起了狂风，浪头一个比一个大，女娃被无情的大海永远吞没了。女娃死后，她的精魂化作了一只小鸟，花脑袋、白嘴壳、红脚爪，发出"精卫、精卫"的悲鸣，所以，人们便叫此鸟为"精卫"。

精卫痛恨无情的大海夺去了自己年轻的生命，她发誓要报仇雪恨。她变成小鸟后，飞到西山，不是叼一块小石头飞过来扔到海里，就是叼一根树枝扔到海里。她这么做只有一个目的，就是要把东海填平，避免今后有人在此游泳再被淹死。精卫鸟天天叼石头、叼树枝，

大话成语

年复一年，日复一日，它却不厌其烦，最后东海没有给填平，精卫鸟却由于过于劳累，死在了东海海滩上。这个典故就叫"精卫填海"。

精卫锲而不舍的精神、善良的愿望、宏伟的志向，受到了人们的尊敬。晋代诗人陶渊明在诗中写道："精卫衔微木，将以填沧海"，赞扬精卫小鸟敢于向大海抗争的悲壮战斗精神。后世人们也常常以"精卫填海"比喻志士仁人所从事的艰巨卓越的事业。

夸父逐日
kuā fù zhú rì

——出自《列子·汤问》

和"精卫填海"一样久远的另一个故事是"夸父逐日"。远古时代有一个人叫夸父，身高膀大、力气过人，据说有"劈石拔木"之力，能把石头劈开，能把树木连根拔起。干活的时候，劲总是使不完，总想一直干下去，但太阳每天都要落山，夸父就想抓住太阳，让它永不落山。

第二天他就开始留意，太阳出来了，晌午升到正当中，夸父就开始追赶太阳，一直追到太阳偏西，最后落山，也没追上，夸父累得够呛，不得不休息。但他毫不气馁，鼓足全身的力气，第二天又出发。追累了，自己折了一根树枝，拄着做拐杖。可是离太阳越近，太阳光越强烈，夸父越感到焦躁难耐，他觉得浑身的水分都被蒸干了，急需喝大量的水解渴。于是，夸父站起来，走到东南方的黄河边，伏下身子，猛喝黄河里的水，黄河水被他喝干了，他又去喝渭河里的水，喝干了渭河水，还是不解渴，他打算向北走，去喝另一个大泽的水。可是，夸父实在太累太渴了，当他走到中途时，身体再也支持不住了，慢慢地倒下去，死了。

当夸父倒在地上的时候，逐日的雄心仍然未灭。他抛掉手里的木杖，木杖顿时变成了一片鲜果累累的桃林，可以为后来的人解除口渴，这片桃林从此被叫作邓林，每当桃花盛开的时候，人们说这些桃花是夸父的鲜血染红的。

"夸父逐日"比喻人有大志，并朝

着目标不停地前进。当然也有另一种说法,说人的不自量力。在古时候,人们对自然环境没有科学性的认识,但从另一个角度来讲,也说明了古人的决心和毅力。

愚公移山
yú gōng yí shān
——出自《列子·汤问》

类似"夸父逐日"这样的故事,中国古代还有很多,比如"愚公移山",当然,"愚公移山"更有现实意义。

古代有一位愚公,年纪将近九十岁了,家门口有两座山,太行山、王屋山。愚公苦于大山把家北面道路阻塞,出去进来都要绕远路,就召集全家人商量:"我和你们一起尽力挖平这两座大山,如何?"他的妻子提出疑问:"凭你的力量,尚不能削减魁父这样的小山,你能把太行、王屋两座大山怎么样呢?况且把土石放到哪里去呢?"其他人则纷纷表示赞同说:"咱们可以把土石扔到渤海的边上,隐土的北面。"愚公于是带领子孙中能挑担的三个人,凿石头、挖泥土,用簸箕把泥石运送到渤海的边上。邻居家有个孩子,刚刚七八岁,也蹦蹦跳跳去帮助他们,冬夏换季,才能往返一次。

河曲附近一个叫智叟的老人笑着阻止愚公说:"你太不聪明了。凭你晚年剩下的力气,还不能毁掉山上的一根草木,又能把泥土和石头怎么样呢?"愚公长叹一声说:"你思想太顽固,都到了不能改变的地步,我看你还不如妇女和小孩。即使我死了,我还有儿子在呀;儿子又生孙子,孙子又生儿子;子子孙孙没有穷尽的,可是山不会增高加大,为什么还愁挖不平?"智叟找不到话来回答。

山神听说了这件事,怕愚公不停地挖下去,便向天帝报告了这件事。天帝

也被愚公的诚心感动了,便命令夸娥氏的两个儿子背走了太行、王屋两座山。

"愚公移山"后来就被用来比喻坚持不懈地改造自然和坚定不移地进行斗争。

牛衣对泣
niú yī duì qì

——出自《汉书·王章传》

西汉的时候,有个叫王章的人,《汉书》里有"王章传",历史上只要是进传的人,都不简单。王章是个文人,从小就博学多才,勤奋好学,才华远近闻名。

汉朝时候,还没实行科举制度,科举制度是从隋朝开始的,汉朝怎么选拔人才呢?靠大家推荐。王章由于才华出众,大家推荐他去京都读太学。一般来讲,读完了太学就可以做官了。

王章带着他的妻子去京都读太学。当时能到京都读太学的,都是有钱有势的人家,在京都里都住高级宾馆,吃好的,喝好的。王章家里很穷,夫人跟着

他来到京都以后,住不起宾馆,只能租一间破房,吃也吃不饱,王章身体越来越不好。

有一天,外边下着雨,天气很冷。王章病了,发着高烧,浑身难受。租的房子旁边有间牛棚,里边喂着两头牛,王章冷得受不了,跑到牛棚里边,把牛衣拿过来盖上,夫妇两人就靠这样取暖。牛衣是用乱麻和草编织的像蓑衣一类的东西,当时用来给牛御寒。

但是王章还觉得很冷,认为自己活不了了。于是王章跟他的妻子说:"贤妻啊,你跟我到这来不容易。现在看来,我没有当官的命。你快点回家吧,也别在这守着我了,别遭这罪了。我要是死了,你也甭管我,肯定有人能把我埋了,你就再找一个得了。"

妻子一听,坏了,王章丧失信心了,她跟王章说:"你怎么能说这种话啊?我认为,朝中所有做官的人,都没有你的才华高。一起跟你读书的这些人,谁也没有你聪明,你一定能行。"

王章说:"别说这话。我不行了,我现在这么冷,觉得马上就要死了。"妻子急了,怒气冲冲地斥责他:"你这说什么话?我为什么跟你来,因为我看你有出息。等你念完了太学,能够谋得一官半职,可以光宗耀祖。现在你贫病交迫,不自己振作精神,却只哭泣悲伤,多没出息呀!"王章听了这席话,不禁暗自惭愧。病愈后,他发奋读书,终于当上了官,一直当到了京兆尹,这是当时管理首都的最高官员。

王章当官后,直言敢谏,有一次,他准备上书指斥大将军王凤专权。他妻子怕他丢官,劝阻说:"一个人要知

大话成语

足,难道你忘记当年我们穿着牛衣彼此对泣的情景了吗?"王章不同意妻子的想法,他坚持控告王凤,结果反被王凤陷害,获罪下狱死去。

"牛衣对泣"比喻读书人困苦凄凉的遭遇,或夫妻共度穷困。

爱鹤失众
ài hè shī zhòng
——出自《左传·闵公二年》

人有极限,物有适度,每个人的寿命都有极限,可以活八九十岁,可活不到二百岁、三百岁。说能喝酒,喝一斤、二斤可以,但几乎没人能喝一二十斤,对任何东西得有个度,爱它也好,用它也好,总不能超过这个度。

春秋时候,有个小国叫卫国,国君叫卫懿公,他有一个最大的爱好,就是喜欢仙鹤。喜欢仙鹤没什么,可是他喜欢得有点过火,一见仙鹤就高兴,还告诉全国的臣民:"无论在哪里见到好鹤,都要给我敬献。"于是很多人向他献鹤,卫懿公对送鹤的人就封官,有的封"送鹤将军",有的封"送鹤大夫"。这么一来,卫国的老百姓发现要做官根本不用学知识本领,能找到鹤就行,于是全卫国的人都找鹤去了。只要谁能找到一只好鹤,送到卫懿公那儿,他一高兴就封一个官儿,所以送鹤的人特别多。

卫懿公把臣民送来的鹤全都养起来,还专门修了一个大鹤笼子。他又把大鹤笼子里边的鹤分出诸般等级,特殊的鹤被单独调出来,用单独的笼子来装,甚至有的笼子用金丝打造。卫懿公迷鹤迷得连吃饭睡觉都跟鹤一块,即使他坐车出行,坐着的车也是特制的,周围一圈全都是鹤笼子,不知道情况的人还以为是动物园里的仙鹤搬家呢。卫懿公对鹤爱好到如此的程度,全国的老百姓,包括朝中的大臣都有意见了,朝中有一位大臣叫石祁子的向卫懿公进谏:"大王,您对鹤如此爱好,倒没有别的错,可是您还得管理国家。现在这个样子,您因鹤而失政,非常不对。"但卫懿公不听,"我有这个爱好还不行吗?"石祁子一看进谏无效,没办法,只好自己偷偷走了。不光他走了,就连卫懿公的亲哥哥都跑到别的国家去了。

为什么?他亲哥哥已经看出来了,卫国要完蛋。

没人劝阻卫懿公,他整天玩鹤玩得更起劲了,别的什么事都不管了,老百姓怨声载道,卫国的政治、军事全都衰退了。春秋时期百里为王,经常发生战争,有一个国家叫狄国,狄国想要打齐国,要打齐国必须路经卫国,于是狄国的国君就想先把卫国灭了。这天狄国突然间兴兵犯境,人马直奔卫国而来,卫国大臣赶紧把情况向卫懿公禀报,此时卫懿公正要出行,他坐在车上,把鹤笼子都挂上了,大臣一禀报,说狄国来犯,卫懿公马上下令派兵抵挡,可是一点队伍,人竟然没点齐,为什么?原来不少士兵都开小差了。

大臣回来一禀报,卫懿公也急了:"什么?都跑了?养兵千日,用兵一时,把逃兵都给我抓回来,我问问他们。"

不大一会儿工夫,抓回几个逃兵,卫懿公便问:"你们为什么开小差?"

"大王,我们在这儿没用,肯定抵挡不了狄国。"

"怎么抵挡不了?现在狄国犯境,正是你们为国尽忠之时。"

"大王,用不着我们为国尽忠,您养了那么多的鹤,可以把鹤放出去,让鹤拿嘴啄敌人,用翅膀扇敌人,拿爪子蹬敌人,狄国肯定就都退了。"

大话成语

卫懿公一听,问道:"那鹤能退敌军吗?"

"是啊,鹤不能退敌军,可您对我们当兵的也从来不管啊。"

卫懿公这个时候才明白,他对鹤的过分喜好,已经把卫国的百姓,包括士兵都得罪了,他已经失去人心了。

这就是"爱鹤失众"成语的来源,这条成语说明:喜好什么东西都要适度,千万不能过火,过火就违反规律了,结果肯定不好。

断鹤续凫
duàn hè xù fú

——出自《庄子·骈拇》

上面的成语故事里说到了"鹤",我们就再说一个关于"鹤"的成语。

古时候有一位渔夫,上水塘边去打鱼。那个时候自然环境比较好,不像现在这么破坏严重,所以水塘里不仅有鱼,还有鹤,野鸭子,很多的野生动物。渔夫打完了鱼,看到鹤迈着长腿在水里走来走去,又瞅着野鸭子迈着短腿摇来晃去,忽然生出个想法——鹤的腿那么长,野鸭子的腿又这么短,如果我

给它们来个取长补短,岂不很好?

于是渔夫抓了一只鹤,又逮了一只野鸭子回家了。回到家里,他还真没少下工夫,先把鹤腿从当中截下一节,然后把野鸭子腿弄断,把鹤腿给野鸭子腿接上,又拿布缠上,给野鸭子还上了点药,接着把鹤截开掉的那两头又给接一块,上点药,也拿布缠上了。他整天就在家瞅着这俩动物,以为鹤和野鸭子能像嫁接花木一样都活下去,结果没多久,鹤也死了,野鸭子也完蛋了。

后来庄子知道了这个事情,气得够呛。庄子说,像这样的人,就叫不识时务,鹤和野鸭子的腿是能够随便换着来接的吗?这一接,事情不全都给耽误了吗?

上面讲的这条成语叫"断鹤续凫","凫"是野鸭子。把鹤腿折断,续到野鸭子腿上去,结果是行不通的。它告诫人们:无论做什么事情,都不能违反事物的客观规律。

佝偻承蜩
gōu lóu chéng tiáo
——出自《庄子·达生》

春秋时期,孔子带着弟子们周游列国,有一天走到了山林之中。林子里边有很多的蝉在鸣叫,孔子忽然发现有一个驼背的老头,手拿一根杆子在粘树上的蝉,举起杆子每次都能粘到蝉的翅膀上,可以说是"杆不虚举"。杆子头上当然是涂了一种专用的胶。

孔子非常佩服驼背老人,于是上前问道:"您真灵巧啊!有什么诀窍吗?"

驼背老人说:"我练了一辈子了,自然有我的办法啊。要粘这个蝉,杆子必须要稳,怎么才能稳呢?最初的时候,我在这杆顶上顶两个球练习,保证它们不掉下来,在这种情况下,我粘蝉啊,粘十个能跑五个,后来我在杆上顶三球还不掉下来,在这种情况下,我粘十个蝉,也就能跑两三个,最后我在这杆顶上能顶五个球都不掉下来,这说明我腕子的稳劲已经到一定火候了,粘十个蝉,顶多跑一个,最后我拿这杆能粘苍蝇,苍蝇飞

大话成语

着飞着,我"嘣"地一碰,就粘下来了,现在我已经达到粘十个蝉一个都跑不了的程度。而且,我在粘蝉的时候,全心全意注意蝉的翅膀,不左顾右盼,不因为纷乱的外部环境而影响自己的注意力,眼中看见的只有蝉,怎么会抓不到呢?"

孔子听完这番话,非常受触动,马上转过身把他的学生找到一起,说:"这位老人家,仅从粘蝉这种技艺上来说,是形神合一、专心致志,才练出这样的绝艺啊,学习又何尝不是如此呢?老人家的经验值得我们学习。"

上面的故事留下了"佝偻承蜩"这条成语。佝偻,就是佝偻病,据说缺少维生素D,就容易得这种病,得了这种病的人会有头大、鸡胸、驼背、两腿弯曲、腹部膨大、发育迟缓等症状。"蜩",是蝉的别名,也就是人们常说的知了。"佝偻承蜩"说明了做事要专心致志、全神贯注,才能成功的道理。

磨杵成针
mó chǔ chéng zhēn

——出自明·陈仁锡《潜确类书》

上面的成语"佝偻承蜩"是说学习要专心致志,做事情仅专心致志还不够,还要有恒心,有毅力,"磨杵成针"的典故说的就是这个道理。

我们都知道李白是唐朝的大诗人,他的诗流传到现在,还有很多人在诵读。不过,据说李白小的时候,不太爱学习,有些贪玩。一天,他逃学到小溪边,看见一位老婆婆手里拿着根铁杵(铁棒槌),蘸着水,在一块大石头上磨。

李白感到很奇怪,就问:"老人

家,您拿这铁棒槌磨,是做什么用啊?"

老婆婆回答说:"我要纳鞋底子,针不够了,我拿这铁棒槌,是要把它磨成针用。"

"这么粗的铁杵,什么时候才能磨成绣花针呢?老人家,这不行吧?"

"怎么不行呢,只要工夫深,就能铁杵磨成针。"

老婆婆的话当时让李白受了极大震动,他暗暗地想:"是啊,这世上不管干什么事情,只要下定决心,理想就会成为现实。"从此以后,李白发奋读书,再也不贪玩逃学,他本来就天资聪颖,后来果然成了名垂千古的大诗人。

"磨杵成针"这条成语比喻只要有恒心,再难的事也能做成。

羊质虎皮
yáng zhì hǔ pí

——出自《南史·羊侃传》

"磨杵成针"也好,"佝偻承蜩"也好,都是说学习要专心致志,要有恒心和毅力,目的是要真正学到学问,不要成为表面上华丽、内里空虚的人。由此，我们又想到了一条成语，叫做"羊质虎皮"。

北魏龙骧将军羊祉的儿子羊侃身材高大魁梧，十几岁就随父出征，立下赫赫战功。有一次，北魏的皇帝召见他，故意问他："你长这么高大，有真本事吗？你是不是披着虎皮的羊啊？"

皇帝说的这几句话，是有来历的。以前曾有一个寓言，说一个人弄了一张虎皮给羊披上，这只羊上山之后，虽然披着虎皮，可还是去吃草。过了一会儿，狼来了，狼一看见草丛里有一只老虎，吓得够呛，不敢往前边去了。而羊一看见狼，也忘了自己正披着虎皮，吓得浑身直哆嗦。

羊侃可不是披着虎皮的羊，他还真有点力气。他往地下一趴，一声大吼就把金殿里的方砖抠出一块来，满朝文武大臣一看，全都吓傻了。大家都称赞他是真正的壮士。从那时就流传下来"羊质虎皮"这条成语。

"羊质虎皮"的意思就是表面上唬人，内里什么都没有。它也用来比喻外表强大，内里虚弱的人。

前倨后恭
qián jù hòu gōng
——出自《战国策·秦策》

"前倨后恭"这条成语说的是战国时候著名纵横家苏秦的故事。苏秦，字季子，东周洛阳轩里人。他出身农民，少年时代就有大志，曾随鬼谷子学习游说术多年。他有独到的政治主张，就想去各国游说，如果有国君采纳了，他也能得到荣华富贵。苏秦先回到洛阳家中，变卖了家产，带了一百斤黄金，穿上一件黑貂皮衣，就周游列国进行游说去了。家里人对他都寄予厚望。

苏秦先到了秦国，当时正是秦惠王在位，秦惠王刚把丞相商鞅杀了。商鞅本不是秦国人而是卫国人，他在秦惠王的父亲秦孝公在位的时候主持了著名的变法行动，废井田，开阡陌，改税法，十年的光景，把秦国治理得路不拾遗。但是商鞅的变法也得罪了很多旧贵族，惠王即位以后，很多旧贵族告商鞅的状，说商鞅是外来的人，怀有二心，惠王和商鞅本来就不合，于是把商鞅抓起来杀了。恰恰这个时候，苏秦来了，苏秦也是个外地人，所以虽然他向秦惠王上了十次书来陈述自己的政治主张，但秦惠王都置之不理。时间一长，黑貂皮衣穿破了，百斤黄金用完了，苏秦只好离开秦国，返回洛阳。他穿着草鞋，背着书袋，挑着行李，神情憔悴，脸色黄黑，显得非常惭愧。

苏秦回老家后，妻子在一旁织布，不来迎接他；父母则若无其事，对他不予理睬；尤其是他嫂子，在灶坑边烧着火，看他进来，连头都没抬。苏秦长叹一声说："妻子不把我当丈夫，嫂嫂不把我当小叔，父母不把我当儿子，这都是我苏秦的罪过。"当天晚上，他打开数十只书箱，又埋头苦读了起来。

经过一段时间的学习，苏秦学识大增，水平提高了不少。一年后，苏秦认清了当时的政治形势，开始第二次周游列国。这回他终于说服当时的齐、楚、燕、韩、赵、魏六国"合纵抗秦"，并被封为"纵约长"，做了六国的丞相。

苏秦再回老家时，骑在马上，前呼后拥，很多的奴婢、军卒跟着，父母知

大话成语

道消息后,亲自为苏秦打扫房间,清除道路,奏乐摆宴,到三十里之外迎接;妻子也低着头,不敢正视他,畏惧胆怯,偷偷探听;嫂嫂则趴在地上,不敢起立,四拜而跪,请求宽恕前罪,苏秦问她:"这不是嫂子吗?您怎么今天低着脑袋都不敢看我一眼?"他嫂子就说了,"哎,您现在是六国丞相,我没有脸面正面看您。"苏秦慨叹道:"唉!贫贱则父母不认亲子,富贵则妻嫂畏惧。先前傲慢,现在如此恭敬。人生在世,对富贵怎么能忽视不顾呢?!"

这就是"前倨后恭"的典故。今天多用此形容那些先前傲慢而后来谦恭,以及见风使舵、见机行事的人。

千金买赋 金屋藏娇
qiān jīn mǎi fù　jīn wū cáng jiāo

——出自西汉·司马相如《长门赋》序

一条好的成语,它的思想内涵对人的影响教育,敢比一首好诗、一篇好赋,这次我们要讲的这条成语叫"千金买赋"。

汉朝时的汉武帝刘彻,在四岁的时候就被封为胶东王。有一天,刘彻在后宫跟他的姑姑长公主在一起玩。他的姑姑非常喜欢刘彻,把他抱在腿上问:"彻儿长大了要讨媳妇吗?"刘彻说:"要啊。"长公主于是指着左右宫女侍女一百多人问刘彻想要哪个,刘彻说都不要。最后长公主指着自己的女儿陈阿娇问:"那阿娇好不好呢?"刘彻笑着回答说:"好啊!如果能娶阿娇,我会造一个金屋子给她住。"这就是成语"金屋藏娇"的由来。后来刘彻登基做了汉武帝,他把阿娇立为皇后,阿娇姓陈,也称为陈皇后。

汉武帝非常喜爱陈皇后,让她住在长门宫内,过了十多年,陈皇后却一直不生育。汉武帝就又娶了一个叫卫子夫的妃子,这样一来,陈皇后就受了冷落,她找来一个巫婆,背地里对卫子夫施以巫术诅咒,迷信的做法自然起不到什么作用,汉武帝对卫子夫还是宠爱有加,卫子夫不久又生了一个孩子,汉武帝干脆就立她为皇后。陈皇后受不了被汉武帝冷落,想尽办法也要把汉武帝离她已远的那颗心再拉回来,她想起当时汉朝有一位著名辞赋家,叫司马相如,曾写过一篇《子虚赋》,写得非常好,于是她就派人找来司马相如让他为自己作一篇赋,她自己则愿意出一千两黄金来买这篇赋,按现在的话说,叫"稿费从优"。司马相如费尽了心机,给她写出一篇赋,叫《长门赋》,又叫《长门宫赋》,这篇赋把陈皇后失去汉武帝的宠爱后,独自居住在冷宫里孤独、空虚的心境完完全全地表达了出来。赋写完后拿到陈皇后的跟前,陈皇后看一遍哭一遍,看一回又掉一回眼泪。陈皇后自个儿哭完了,又托人把这篇赋拿给汉武帝去看,汉武帝读了也深受感动,但终究未再与陈皇后和好如初。

"千金买赋"这条成语就是说不惜重金去买一篇好文章,比喻文章值钱。

米珠薪桂

mǐ zhū xīn guì

——出自《战国策·楚策》

前面"前倨后恭"的成语说到苏秦的故事,其实苏秦在游说六国的时候,也不是那么一帆风顺的。这次说的"米珠薪桂"这条成语就和苏秦游说六国有关。

当时苏秦到楚国之后,去拜见楚王。宫门的门官对他冷冷地说:"我们大王没闲工夫接见你,你还是回去吧。"苏秦也没什么办法,只好先回去,连着三天都是如此。其实根本不是楚王忙,而是那些通报的门官想收点好处费。最后苏秦用了计谋,门官才为他禀报,得到了楚王召见。

苏秦和楚王见面后,两人一交谈,楚王顿时觉得相见恨晚,苏秦真是人才。谈完了之后,苏秦要告辞,楚王说:"你别走了,你到我这来就多住些日子吧。"苏秦故意露出为难的神色说:"不行啊,您这地方,米比珍珠还贵,烧饭用的柴火,比那桂树还贵,您这个地方的门官呢,比小鬼都厉害,要想见您一面太难了,就快赶上见玉皇大帝了,所以您这地方我怎么能久待呢?"苏秦说完这几句话,楚王心里就明白了,看来是门官挡道,有小人想要贪赃受贿,于是便惩治了原来的那个门官。苏秦后来也当上了楚国的丞相。

"米珠薪桂"的典故即来源于此,指米如珍珠,柴似桂木。后比喻物价昂贵,生活艰辛。

牛鼎烹鸡
niú dǐng pēng jī

——出自《后汉书·边让传》

这次说的成语告诉的是用人要适当的道理，叫"牛鼎烹鸡"。

汉朝的时候，有一个文人叫边让，才华出众，远近闻名。当时朝廷里有一位大将军叫何进，何进妹妹是汉灵帝的宠妃，所以谁也不敢惹他。何进很爱附庸风雅，听说边让有才华，就想让边让到自己手底下当差，于是派人去请边让。但边让很有气节，对当时宦官专权的腐败政局非常不满，也不愿意攀附当朝的权贵大臣，就不肯去。边让这一不愿去，何进来火了。后来，他干脆就以招兵丁的名义，硬是把边让招到自己的手下，还故意羞辱边让，让他在自己的手下当传令的小官。

这件事让蔡邕知道了，蔡邕是当时的名人，文化素养很高，担任中郎将，人都称他蔡中郎，他想："边让才学不凡，应该让他做更高一些的官才对。"便亲自到何进家里，劝说何进向皇帝推荐边让去担任再大些的官。蔡邕说：

"我看边让这个人，才能超群，聪明贤智，心通性达，非礼不动，非法不言，实在是难得的奇才。俗语说，用煮牛的大锅来煮一只小鸡，水放多了，味道就没了，肯定不好吃；水放少了，则煮不熟，更不能吃了。大器小用是不相宜的。我现在忧虑的是，这个煮牛的大锅没有用来煮牛，希望将军您能仔细考虑一下，给边让一个施展才能的机会。"

大话成语

何进觉得蔡邕说的话很有道理,就把边让派出去做了九江太守。

以上就是"牛鼎烹鸡"这条成语的来源,意思是说用煮一头牛的大锅来煮一只鸡。比喻大材小用。

千头木奴
qiān tóu mù nú

——出自《三国志·吴志·孙休传》裴松之注引《襄阳记》

上则成语中的边让是才华出众的人,可世上还有一些平庸的人,他们该怎么办呢?我们来说说"千头木奴"的故事。

"千头木奴"说的是汉朝的事。当时有一个地方小官,叫李衡,李衡的夫人很能生养,给他生了一堆儿子。李衡经过仔细观察,发现儿子们中没有一个有出息的,上学不好好学,读书不认真,考试成绩很糟糕,将来能干什么呢?李衡犯了愁了,他毕竟还是个地方官,有点权力,于是就想了个办法,派一些人去武陵种柑橘树,几年下来种了一千多棵。柑橘树上结的橘子,摘下来到市场上能卖不少钱。李衡看到柑橘树种成了,也结果了,就放心了。原来他这是给后代做安排呢。

李衡病危的时候,他把儿子们叫

到床前,对他们说:"你们这些人啊,都是些庸碌之才,要靠你们自己谋生,恐怕难办。我想了点办法,给你们预备好了一千头木奴,一千头橘奴。每个橘奴,每年可以给你们换一匹绢帛,足够你们生活的了。"说完,李衡就死了。儿子们没听明白,就去问自己的母亲。李衡夫人倒是一直注意观察丈夫平时的举措,就告诉他们:"你们父亲派人去武陵地方种了很多橘子树,那都是给你们留的。"他的儿子们去武陵一看,果然有一千多棵橘子树,于是他们这些无才之人,也都有了生活出路。

后来,把千棵柑橘树称为"千头木奴",引申为可以维持生计的家产。

千金买邻
qiān jīn mǎi lín

——出自《南史·吕僧珍传》

南北朝时,梁武帝萧衍手下有位将军叫吕僧珍,为人正直,很有胆略,因此受到人们的尊敬和爱戴,远近闻名。吕僧珍家住城北,家里的房子并不宽敞,平时再加上不少人出入,就显得更小了。于是有人劝他再买套更宽敞的房屋,他说:"现在的屋子已经够用了,不用再扩大居住面积了。"因为吕僧珍的品德高尚,人们都愿意和他接近交谈。

有一天,吕僧珍忽然发现自己家旁边来了一位新邻居,叫宋季雅,原来是在某个地方担任太守,任满之后,回到了京城,等着皇帝给重新安排工作,于是就在他家旁边买了处房子。

吕僧珍问新邻居宋季雅:"您这房子是花了多少钱买的?"

"一千一百两银子。"

"太贵了!太贵了!您怎么能以这样昂贵的价钱来买一套房屋呢?"吕僧珍非常吃惊。

宋季雅笑着说:"一百两是真用来买房屋的,另外一千两则是用来买邻居的。我早慕您的大名,知道您是个品德高尚的人,所以我特意在您家旁边买了一处房子,能做您的邻居,那是我莫大的荣耀啊。"

买邻居其实也就是选择朋友。我们在与他人相处的过程中,要有选择地进

行交往,要和坦诚相待、自强上进、敢负责任的朋友多交往,让他们的高尚品德来影响自己,"千金买邻"说的就是这个道理。

绿珠坠楼
lǜ zhū zhuì lóu

——出自《晋书·石崇传》

"绿珠坠楼"的成语讲的可不是一个绿色珠子从楼上扔下去了,而是与一位歌女有关。

绿珠是西晋时期石崇府中的一个歌女,石崇既是官员,又是富豪,对绿珠素来宠爱有加。当时皇族里的赵王叫司马伦,司马伦有一个亲信,叫孙秀。

有一次,孙秀与司马伦闲谈说:"您府里边有这么多的美女,但都不算美。石崇府里有一个叫绿珠的歌女,能歌善舞,还会吹笛子,那才是绝色美女。"司马伦是个好色之徒,就求孙秀说:"那你去把那绿珠给我讨要过来。"

孙秀马上派自己手下做使者到石崇的府里去讨要绿珠,使者见到石崇说:"我受孙秀的指派到您这来,想讨要一名美女,以献给赵王司马伦。"

石崇听了,马上一招呼,几十名美女都站好了。石崇说:"你挑吧,你看哪个好就可以领走。"

使者问:"哪位是绿珠?您能不能告诉我?"

石崇听说竟然讨要绿珠,怒不可遏,说道:"绿珠是我的爱妾,怎么能随便送人!"愤而把使者轰走了。

使者回去后跟司马伦把情形一说,司马伦也火了,孙秀又在旁边添油加醋。于是两人想了一条诡计,他们首先诬告石崇的外甥欧阳建勾结淮南王谋反,就这样把石崇牵涉进来。他们先把欧阳建抓起来,接着又带官军去抓石崇。

官军把石崇的府第围上的时候,石崇还不知道。他正和绿珠等一班歌女在楼上饮酒作乐,官军冲上来说:"圣旨在此,石崇你犯了大罪,要抓你进监牢。"石崇听到这里,全都明白了,他对绿珠说:"我的这个罪,是从你身上而起啊。"绿珠已经听说曾经有权贵来讨要过她,石崇今天一说这话,绿珠更知道石崇此去凶多吉少,她当时对石崇说:"既然如此,我愿为您殉节。"刚说完,就从楼上跳了下去,一头朝下,一下子就摔死了。

绿珠为石崇而死,这条成语就叫"绿珠坠楼"。它讲的是一个女子为一个爱她的男人而殉情至死。这条成语又说明男女之间的真情实意。

千里命驾
qiān lǐ mìng jià
——出自《晋书·嵇康传》

三国时期,有被称作"竹林七贤"的七个文人,其中一个叫嵇康。嵇康博学多才,熟读经书,而且精通音律,是当时非常文雅的名士。

嵇康有一个好朋友叫吕安,两人经常在一起谈论人生,谈论社会,无论谈什么,都能灵犀相通。所以两个人常要找时间到一起聚聚,要是一段时间不见面,互相都很想念。

有一回,吕安来找嵇康,一问才知

大话成语

道嵇康没在家,但是嵇康的哥哥嵇喜在家。嵇喜跟嵇康是两种类型的人,嵇喜是当时朝中的大官,嵇喜听说弟弟的朋友来了,就亲自接待吕安。当官的总有一种官气,难免一副从上往下看、盛气凌人的样子,吕安看着,心里很烦,所以急急忙忙就告辞了,嵇喜礼节性地往外送了送,到了大门口,吕安说:"您有笔吗,我想在门上给您留个字。"古人有到处题诗写字的习惯。嵇喜于是命人把笔拿来,吕安提起笔来就在门上写了一个"凤凰"的"凤"字,繁体的,写完之后就走了。

吕安走了之后,嵇喜倒背着双手,站在门前看,心想:凤乃是鸟中之王,吕安在我门口题了一个凤字,这说明他对我印象还不错,觉得我像鸟中之王,在人群里边则是出类拔萃的人物。

过了两天,嵇康回来了,看到了吕安写的"凤"字。嵇康笑笑,没言语,嵇康明白了这个"凤"的含义。繁体的"鳳"字,"几"里头有一个"鸟"字,上面还有一横,要是把它拆开来,上面是一个"凡",底下是一个"鸟"。嵇康心想,吕安是没看上我哥,说我哥是一只凡鸟呢。我要和我哥一说,那我哥不就得急了吗?所以嵇康没言语,只是看着字笑。

尽管如此,嵇康跟吕安之间的友谊并没有受到影响,还是经常在一起喝酒聊天,即使路途遥远,哪怕相隔千里,吕安也会让车夫驾车前去与嵇康相会。这就留下了"千里命驾"这条成语,说明两个人的友谊深厚,不管距离多远,为见面付出多大的代价都愿意。

千夫所指
qiān fū suǒ zhǐ
——出自《汉书·王嘉传》

西汉后期,汉哀帝宠爱一个叫董贤的臣子,因为董贤长得非常漂亮,二十来岁英俊潇洒,更重要的一点是他特会溜须拍马,把皇上的心情都揣测透了。汉哀帝对董贤亲近得无以复加,经常给以赏赐,经常封他的官。赏赐是越给越多,官是越封越大,最后汉哀帝居然让董贤不离他的左右,甚至同在一张床上睡觉,董贤竟然官封大司马,大司马是高级官员,相当于现代的国防部长,这时董贤才22岁。

朝中的大臣看到这种情况气坏了。其中有一位忠臣叫王嘉,是朝中的御史大夫,给汉哀帝上奏说:"当年汉文帝在世的时候,曾经想修筑一个露台,考虑到耗用的资金太多,所以就放弃不修了。可是现在您对董贤也有点太宠了,他这么年轻,就授予大司马的职务,合适吗?"王嘉还做了一件事,汉哀帝曾经要给董贤四千户的食邑,诏书下来后,却被王嘉扣住了,再加上这道奏章的事,汉哀帝一气之下把王嘉抓进监牢,王嘉性格刚烈,在监牢里绝食而死。他死之前上的奏章中有一句名言:

大话成语

"千夫所指,无疾而终。"就是说,董贤这个人已混到大家伙都指责、都认为他不好的地步,不用得病就会死掉了。

果然,汉哀帝刚刚25岁的时候死了,汉哀帝一死,当时的安汉公王莽,动本参劾董贤,认为董贤有大罪,满朝文武大臣也都认为董贤有罪,于是罢免了他的官职。大伙还觉得光罢了官不行,还得抄家。后来王莽带着人,到董贤的府里抄家的时候,发现董贤已经自杀了。这就是"千夫所指"的来历。

"千夫所指"的意思就是被众人所指责,形容触犯了众怒。

千里莼羹
qiān lǐ chún gēng
——出自《世说新语·言语》

人们常说,"月是故乡明",说明每个人都有思乡情,今天说的这条成语,叫"千里莼羹",也反映了思乡之情。

大家都知道,三国时候,刘备率军伐东吴,要给关羽和张飞报仇,东吴派出一个年轻的将领叫陆逊的率军抵抗刘备,陆逊定了一个火攻计,火烧连营七百里,把刘备打败了,陆逊于是成了历史上有名的军事家。陆逊的儿子叫陆抗,也是东吴的一位大将军,陆抗的儿子叫陆机,陆机是个文人,到了陆机这一辈上就已经到了晋朝时候。

有一天，陆机去拜访大司徒王浑的儿子王济，王济又叫王武子，是个武将，由于父亲是大司徒，出身官宦人家，所以非常狂妄，谁也瞧不起，一般的人要来拜访他，一律都不接待。陆机递上自己的名帖，也就是当时的名片，王济一看，知道陆机是名门之后，他爷爷是陆逊啊，所以准备接见，又招呼手下人摆上酒席。

摆酒席之前先要上点小吃，陆机坐下后，王济就吩咐上羊酪。羊酪是用羊奶熬的一种半液体饮料，特别好喝，陆机喝完之后自然是赞不绝口。王济在旁边就说："您是来自江东，请问你们江东有比我这儿还好吃的东西吗？"这话说得有点狂妄了。

陆机是个文人，回答得非常从容："王将军，我们江东倒没有这样的东西，但是，离我家不远有一个千里湖，千里湖出一种莼菜，这种莼菜可以熬制成一种莼羹，莼羹不兑盐豉的时候，用勺喝来就非常味美，如果再把盐豉兑到里边，那每个人喝的时候，都恨不得把舌头也喝下去。"陆机一渲染，馋得王济一个劲咽唾沫，恨不得马上到陆机家乡去一趟，尝尝这种莼羹究竟什么滋味。

"千里莼羹"的成语就从这里而来，原为具有吴地风味的名菜，后泛指本乡特产，含思乡之意。

千日醉酒
qiān rì zuì jiǔ

——出自东晋·干宝《搜神记》

前面说完了与吃有关的成语，再说一个与喝有关的成语，叫"千日醉酒"。

古时候有一个酿酒能手叫狄希，狄希曾经造出过一种叫"千日醉"的酒，这种酒喝完之后，能醉上一千天。当时的衙门里，有一个最爱喝酒的酒徒叫刘玄石，知道狄希造出了这么一种新酒，就找到狄希门上求酒喝。

狄希说："哎哟，'千日醉'这个酒啊，还没酿成呢。"

刘玄石不死心，"即使没酿出来，也要先拿点样品给我尝尝，什么样的我都要来一口。"

狄希说："您要是醉了怎么办？"

"醉了你甭管，"刘玄石缠着狄希非要喝这新酒，狄希没办法，于是就给他一

大话成语

杯喝。一杯酒喝下去了，刘玄石马上就觉得脚底下发软，脑袋发晕，晃晃荡荡，回了家躺在床上就睡着了，这一睡就不醒，一天、两天、三天、七天，家里人一看，完了，再一摸鼻子都没什么动静了，人死了！家里人就把刘玄石给埋了。

狄希开始还没想起刘玄石。三年后，狄希忽然想起来这件事，就决定去看看他，刘家的人觉得狄希问得奇怪，就说："玄石早就死了，你怎么还找他？"

狄希大惊说："不对啊！他那不是死了，那是喝醉了，暂时没气了。喝过我'千日醉'酒会跟断了气一样，你们快点把他的坟刨开。"家人和邻居一听赶紧扛着镐，拿着锹，就奔坟地上去了。

众人赶到坟地，把棺材打开，狄希扒着棺材往里边看，说："人没死，是我酒起了作用，不信你们看着，一见风他就醒了。"果不其然，一会儿的工夫，刘玄石在棺材里把眼睛睁开，坐起来了，一伸胳膊打了个哈欠，哈欠里都是酒味，大家一看真醒过来了，都乐得哈哈大笑起来。笑声中，刘玄石的酒气冲进大家鼻子里，所有人也全醉了，据说三个月之后才醒过来。这就是"千日醉酒"的故事。

喝了能醉一千天的酒，当然是好酒，后来，人们就用"千日醉酒"比喻好酒。

千金买骨
qiān jīn mǎi gǔ
——出自《战国策·燕策》

公元前314年，燕国发生内乱，临近的齐国乘机出兵，侵占了燕国的部分领土。燕昭王当了国君以后，平定了内乱，决心振兴燕国，夺回失去的土地。

他想到一个问题：国家要富强，必须得有人才，没有栋梁之才，国家就不会富强，也不可能征服他国。去哪找人才呢？人才的脑袋上也没写着字，号称人

才的还未必是人才。燕昭王为此事很费了一番脑子,他曾在满朝文武大臣的面前说:"众位卿家,谁要是推荐了栋梁之才,我有重赏,当然了,如果推荐的不是人才,只为了邀功请赏,那也要重罚。"但过了很长的一段时间,也没有人来推荐人才。燕昭王对此只有唉声叹气。

有个大臣叫郭隗,岁数挺大,眼睛也花了,耳朵也有点背,腿脚也不利索。他去问燕昭王:"大王,最近看您精神不振,是有什么心事吗?"

燕昭王说:"我为人才操心,却找不到有用的人才。"

郭隗就讲了个故事:从前有一位国君,非常喜欢千里马——日行一千,夜走八百的那种良马,可是他得不到千里马,尽管出一千两黄金的高价也买不到这样的马,他为此非常着急。后来,他身旁有一个侍臣,自告奋勇请求去买千里马,国君同意了。侍臣出去了三个月,最后带了一副马的骨头回来。国君一看当时就愣了,斥责他:"我是让你去买活的千里马,你怎么把尸骨给带回来了,还花了我五百金!"侍臣不慌不忙地回答:"我给您买千里马,很费了一番力气,好不容易打听到了哪里有千里马,可当我赶到那里,千里马已经死了,就剩这一架尸骨了。当时我跟马主人商量,我说我们国君非常喜欢千里马,愿出五百金把马的尸骨买下。您想,您都肯出五百金买一副千里马的尸骨,那么有千里马的人肯定会给您送千里马来,因为他知道您会出大价钱买他的马啊。"国君一听,也是这个道理,就没有责怪他,果然在一年之内,别人

027

就送来了三匹千里马。

郭隗讲完上面的故事,对燕昭王说:"大王要是真心想得人才,也要像买千里马的国君那样,让天下人知道您是真心求贤。您可以先从我开始,人们看到像我这样衰老的人都能得到重用,那些比我更有才能的人就会来投奔你。"燕昭王便拜郭隗为师,还给以优厚的俸禄,并让他修筑了"黄金台",作为招纳天下贤士人才的地方。消息传出去不久,一些有才干的名人贤士纷纷前来,愿帮助燕昭王治理国家。经过二十多年的努力,燕国终于强盛起来,打败了齐国,夺回了被占领的土地。

"千金买骨"这条成语,就是说重视人才,不惜巨大的代价。

齐人攫金
qí rén jué jīn
——出自《吕氏春秋·去宥》

世间也有光看钱不看人的故事,这就是"齐人攫金"的故事。

战国时期,齐国有一个人,没别的毛病,就是整天想发财。他觉得自己岁数不小了,再不发财就来不及了,于是干脆决定去抢劫金铺。

这天他来到金铺里,里边陈列的全都是金器,恰赶上有一个人,刚买了件金珏,用手捧着,刚要往外走,他冲过去一把就把金器抢过来,转身往外就跑。金店的掌柜和买东西的顾客们一边喊抓贼,一边追赶过来,正好这个时候,巡街的军士也经过这里,一下子把他给逮住了。

把他抓进官府衙门后,当官的就问他:"你这人好大胆啊,光天化日之下,

竟敢抢夺别人的金子。"他回答说:"我要发财,我等不得了,我就光看见金子了,别的什么我都不管了。"

这个故事就叫"齐人攫金","攫"就是抢夺的意思。形容因贪利而失去了理智,利欲熏心,不顾一切。

攀龙附凤
pān lóng fù fèng
——出自《汉书·叙传下》

汉朝的第一个皇帝是刘邦,他出身亭长,相当于我们现在的村长之类,是最底层的一个干部。当年刘邦没有成事的时候,他身边有几个不错的朋友,比如当时沛县的县令萧何、看马的灌婴,有一个跟刘邦最亲近的叫樊哙,樊哙当时是个卖狗肉的,后来官至左丞相。樊哙和刘邦最亲近,因为他俩是连襟(两人的妻子是姐妹)。

刘邦的妻子叫吕雉,吕雉的父亲吕太公很会相面。第一次见刘邦的时候,他就觉得刘邦这个人不比寻常。有一天,吕太公过生日,刘邦就随礼(送礼)去了,别人都随得不少,刘邦一张口就是一万,他当时没那么多钱,开的只是空头支票。尽管他说谎,但是吕太公一见刘邦就感到吃惊,说他是大富大贵之相,就因为这个,他把自己女儿许配给了刘邦。

樊哙的媳妇则叫吕媭,是吕雉的妹妹。当年樊哙在街上卖狗肉,正逢冬天天特别冷,樊哙冷得直哈拳头,樊哙嘴大,他一哈拳头,能把拳头整个塞到嘴里去。这一幕恰恰被吕太公看见了,他觉得这小子将来会有大富贵。樊哙的这个动作,有一个特别好听的名号——虎口吞拳。所以吕太公把二闺女吕媭嫁给了樊哙了。

樊哙跟着刘邦在沛县起义,后来又一起打天下,尤其在鸿门宴上,当着项羽

大话成语

的面,为救刘邦,樊哙是卖了大力气的,所以后来樊哙官至左丞相。樊哙由于终生跟着刘邦,又有亲戚关系,"攀龙附凤"这条成语就落在他身上了。班固写《汉书》的时候,说樊哙本来是布衣,由于和刘邦"攀龙附凤",所以最后青云直上:与刘邦是朋友,这是"攀龙";他的妻子跟刘邦的妻子是姐妹,这就叫"附凤"。"攀龙附凤"比喻依附帝王以成就功业或扬威,也比喻依附有声望的人以立名。

齐大非偶
qí dà fēi ǒu
——出自《左传·桓公六年》

春秋时期,郑国是一个小国,齐国是大国,这两个国家,无论从政治上、经济上、军事上都不能相提并论。

郑国的国君有个儿子,叫姬忽。姬忽长得漂亮,远近皆闻。齐僖公就派一个使者,到郑国提亲,愿意把自己的大女儿文姜嫁给姬忽,齐僖公认为这门婚事必成无疑,因为齐国是大国,而且是齐国主动求婚,属于下嫁,郑国不会不同意。万万没有想到,郑国公子姬忽不同意。姬忽说:"我们郑国是个小国,齐国是个大国,我们相差太悬殊,这叫'门不当,户不对',这样的婚姻结成之后,没有任何好处。我不同意。"于是郑国国君就让来使如实回禀齐僖公。齐僖公不但没生气,心里对姬忽这个小伙子还很佩服,觉得他有志气,不巴结大国。

过了两三年,有一个少数民族山戎族兴兵侵犯齐国,齐国形势危急,齐僖公向周围几个国家求助。郑国的国君派姬忽带着队伍出征,姬忽勇冠三军,在一次战斗中把山戎的主帅大梁和少梁两人都抓住了,还杀了山戎军几百人。齐僖公一看就更高兴了。

这次战斗之后,齐僖公除了对郑国表示感谢之外,又派去一个使臣再次提亲,想把自己的二女儿许配给姬忽,可姬忽还是婉拒婚事。有跟姬忽关系不错的人劝他:"公子啊,这门亲事你就答应了吧,哪找这好事去啊?齐国是大国,国家又富强,你这不就沾了光了吗?"姬忽反驳说:"您说错了,我恰恰不要沾这个光。一个人,自己拼搏斗争出来的东西,那才叫福气,我不依赖大国,也不仗着别人。"这门亲最后也没有结成。

"齐大非偶"指辞婚者表示自己门第或地位卑微,不敢高攀。

门庭若市
mén tíng ruò shì
——出自《战国策·齐策》

战国时期,齐威王手下有个大臣叫邹忌。邹忌身材高大,容貌端正,很有风度气质。

一天早晨,邹忌洗完脸,梳完头,将衣冠穿戴整齐,对着镜子一照,感觉很不错。正在照镜子的时候,他夫人走过来,他便问夫人:"夫人你说,与城北被称为美男子的那个徐公相比,我们俩谁漂亮?"他夫人回答说:"那还用说,当然你漂亮,他哪比得上你啊。"待了一会儿,他的小妾也过来了,于是他又去问小妾,小妾说:"徐公怎能比得上您呢?"第二天,家里边来了个客人求他帮忙办事,邹忌又问客人与徐公相比谁更美的问题,客人回答:"徐公哪有您这样俊美呢。"过了几天,徐公也来拜访邹忌。邹忌把徐公让到屋子里,两个人坐着闲聊,他仔细观察徐公,拿他和自己比较,结果,他发现自己确实没有徐公漂亮。

邹忌晚上睡不着觉,心里一直琢磨这件事。最后他想通了:夫人说我比徐公强,那是因为她是我妻子,有一种私人感情;我的妾说我好,是因为她对我有点惧怕;那个朋友说我比徐公强,是因为他有求于我。一个人如此,对于一个国家,何尝不也如此呢,要想听到真话,真不容易。

第二天,邹忌上朝见到齐威王,

大话成语

就把这个事情跟齐威王讲了，同时他劝谏齐威王："您作为一国之君，后宫里的妃子、宫女都说您好，因为她们要指望着您；满朝文武大臣都说您好，因为他们惧怕您；我们周围的邻国都说您好，是因为他们都有求于您。从这一点上来讲，恐怕大王您听不到真话，齐国有什么毛病也没人会告诉您。"齐威王听后，马上降了一道旨，说："无论是谁，当面指出我的过错的，给上奖；写信指出我的过错的，给中奖；背地里说我的过错，让我知道了的，也给下奖。"从此整个齐国，从臣子到百姓，大家对国君的过错都敢于直说了。有这样浓厚的民主气氛，齐国越来越强盛，而齐威王的门前，整天都有来提意见的，简直就是"门庭若市"。

"门庭若市"就是说门前像市场一样，形容来的人很多，非常热闹。

门可罗雀

mén kě luó què

——出自《史记·汲郑列传》

有一条成语，意思跟上面说的"门庭若市"正相反，叫"门可罗雀"。

汉文帝时有一个翟公，官居廷尉，是管司法的大官。由于他掌管司法，所以翟公家里边车来马往、人来人往、各色人等是络绎不绝。上他家的人中，有求办事的，有讲人情的，有来送礼的，有来说情的，正因为这样，朝中的很多大臣，对翟公就有点嫉妒,有的大臣在皇上面前奏了他一本,说翟公执法不公、贪赃枉法,甚至说翟公背地诬蔑皇上,皇帝一听就来气了,把翟公给免职了。

翟公家里立刻就没人来了,翟公甚至盼望能有一个人来安慰他,可谁也不来,整天连敲门的人都没有。翟公感到了孤独,有天自己闲不住就出来溜达,把大门打开,发现家门口有很多家雀,翟公看了,心想,我家门口都可以张起网来捕捉鸟雀了,冷清到了这种程度,翟公感到很失落,感到往日人们对他的那种热情全都是假的,全都是冲着他当时地位来的。

没过多久,皇上醒悟了,发觉弹劾翟公的那些言辞都不能够落实,翟公是被冤枉了,皇上便重新起用他,让他官复原职。这一来,翟公门前的人又多了,天天有人上门来表示祝贺,很多人来送礼,甚至有的人还说:"我早就说您是被冤枉的,早晚有一天您会官复原职。"翟公心里就更来气了,心想:我罢官之后,你们谁也不来,现在我一上台,你们倒全都来了,实在是太势利了。于是翟公下命令,将家门关闭,一律不见客人。

"门可罗雀"就是说门口可以张起网来捕麻雀,形容门庭冷落,宾客稀少。

口蜜腹剑
kǒu mì fù jiàn
——出自《资治通鉴·唐纪》

唐玄宗李隆基,曾经开创过著名的"开元盛世",但最后他也昏庸了,重用了一些奸臣,其中包括李林甫、杨国忠这样的人。当时的宰相是李适之,李林甫想要取而代之,就想出了个坏点子。

有一天,李林甫跟李适之说:"我

大话成语

听说华山那个地方有金矿，如果要能采伐出来，国库里边会增加很多财富，只是皇上还不知道。"李适之没想到这是一个圈套，觉得这是好事，找了机会就跟唐玄宗说："李林甫说华山那里发现了一座金矿，如果开发出来，会给国库充填很多钱。"唐玄宗一听，说："好吧，让我想想。"第二天唐玄宗就把李林甫找来了，问他："华山有座金矿，真有这个事吗？"李林甫说："陛下，确有这个事，此事我早就知道了。"唐玄宗问："那么我们是不是可以开发它呢？"

李林甫连忙摇手，"陛下，那可不能开。我早就知道那有个金矿，为什么没跟您说呢？因为华山是龙脉啊，牵涉到大唐李家的兴盛。如果在那里开矿，把龙脉给破坏了，有碍大唐江山，有碍万岁爷您啊，所以这矿是万万不能开的。"

唐玄宗心想，还是李林甫想得确实比较周全，李适之就不行了。从此以后，唐玄宗对李适之渐渐疏远，对李林甫却更加信任。很快，李林甫取代了李适之，成了当朝宰相。

李林甫表面上对谁都挺好，他知道别人爱听什么，所以嘴里说出来的话都是别人爱听的。但只要他感觉到谁有往上升迁的可能，并威胁到了他的位置，他就会想尽办法，把别人打压下去，甚至陷害致死。李适之就是一个非常好的例子。于是大家便在背地里说李林甫"口有蜜、腹有剑"。

"口蜜腹剑"意思是说嘴上甜，心里狠，形容两面派的狡猾阴险。

弄獐宰相
nòng zhāng zǎi xiàng
——出自《旧唐书·李林甫传》

"弄獐宰相"说的也是李林甫的故事。李林甫会耍权术，会耍心眼，但是文化水平并不高，不是一个真正的读书人，会写字，但错别字不少。

有一次，李林甫的小舅子生了一个儿子，李林甫给他写贺帖。这贺帖怎么写的呢？贺帖里有一句话："闻有弄獐之庆。"古人把生男孩叫做"弄璋之喜"，璋是一种玉器，古人把璋给男孩玩，希望他将来有玉一样的品德。要是生女孩就叫"弄瓦之喜"，这里有重男轻女的意思。李林甫却将"弄璋"写成了"弄獐"，这么一来，就把玉器变成野兽了。这张贺帖一送过去，有人就看出来

了，整个朝野也都知道了。

"弄獐宰相"就是指把"弄璋"写成"弄獐"的宰相。后多用来讥讽缺乏文化知识，又自以为是的为官者，也用来讽刺常用错别字、文化水平低者。

沐猴而冠
mù hóu ér guàn
——出自《史记·项羽本纪》

秦末农民起义的时候，项羽和刘邦两人在楚怀王的授意之下同时攻打咸阳，并约定谁先进入咸阳，谁就在关中称王。结果刘邦先进了咸阳，可

大话成语

是项羽仗着自己兵力强大，又仗着自己的武勇，最后也打进了咸阳，刘邦就没敢在咸阳称王。项羽到了咸阳之后，杀了已经投降的秦王子婴，烧了秦朝的宫殿，抢走了很多东西。最后项羽决定不在咸阳停留，他要回自己老家彭城。当项羽启程的时候，有一个姓韩的儒生，向项羽进言："您现在取了咸阳，可不要轻易回家啊。关中是一块宝地，周围有散关、潼关、武关、萧关，四面都可以保护，可攻，可守，土地肥沃，又有八百里秦川，这是称王的最佳之地。"项羽很固执，告诉韩生说："我现在已经取得天下。富贵不还乡，好比穿着锦绣衣服在黑夜里走，谁能看得见？你下去吧！"项羽把韩生给轰出去了。

韩生走的时候说了一句话："人都言楚人如沐猴而冠，今日果然如此。"楚人对猕猴的称呼叫沐猴，这句话的意思是"我听别人说楚国人都像猕猴戴上帽子一样，今天一看，真是这么一回事"。其实他这是在借机讽刺项羽，说项羽是猴戴帽子，装人样。成语"沐猴而冠"就始自这里。结果，项羽由于骄傲，再加上战略失误，最终走上穷途末路，被刘邦打败。

"沐猴而冠"意思是说猴子即使穿衣戴帽，也不是真人。比喻虚有其表，形同傀儡，常用来讽刺投靠恶势力窃据权位的人。

唇亡齿寒
chún wáng chǐ hán
——出自《左传·僖公五年》

春秋时期，在今天的山西境内有一个大国，叫晋国。有两个小国挨着晋国，一个叫虞国，一个叫虢国。晋国总想把这两个小国吞并了，但是由于这两个小国地形复杂，拒险而守，所以一直艰难生存下来。

最后，晋国的国君想出一个主意，先灭虢国。虢国离得比较远，晋国要想消灭虢国，必须通过虞国，于是晋国的国君派了手下一个使臣，带着书信、良马、玉璧到虞国去，跟虞国的国君商量说："我们想借您一条路，去攻打虢国，不知您同意不同意？"

虞国的国君马上召集群臣讨论，当时有一位叫宫之奇的大夫说："虞国和虢国是两个小国，而且离得又这么近，我们之间的关系，就像嘴唇和牙齿的关系一样，嘴唇没了，牙齿也就感觉到冷了。现在晋国要攻打虢国，来向我国借路，我们可不能借啊。他把虢国消灭以后，反转来就得消灭咱们了。"但是，当时虞国的国君说："晋国的国君跟我们是

同祖同宗，都姓姬，再者我是非常信神的，经常给神烧香，我想神不会让我们吃亏的。"尽管宫之奇表示强烈反对，但最终虞国的国君还是同意让晋国借路。

晋国在虢国打了个胜仗就回来了。过了三年，晋国又来借路。宫之奇又对虞国的国君说万万不可再借了，但是虞国的国君说："三年前他们不是走了一回吗？也没有什么事啊。"宫之奇说："上一回晋国是试探性的，这回咱们就真危险了。"虞国的国君还是不以为然。结果晋军借路过去把虢国消灭了，

古话成语

回师的时候,顺便把虞国也给消灭了,虞国的国君也被抓走了。

"唇亡齿寒"就来自宫之奇当时向虞国国君的谏言,意思是说嘴唇没有了,牙齿就会感到寒冷,比喻关系密切,利害相关。

齿亡舌存
chǐ wáng shé cún

——出自西汉·刘向《说苑·敬慎》

有另外一条成语,也和唇齿有关系,叫"齿亡舌存"。

老子是中国古代著名的思想家、哲学家,著有《道德经》。直到今天,很多专家学者还在研究他的《道德经》,他还是传说中的道教创始人。据说,老子的老师叫常枞,常枞老了以后,得了重病,眼看着要不行了,老子知道消息之后,马上赶去看望。他在床前问常枞,"老师,您身体怎么样?还有什么话要说吗?"

常枞说:"太阳有升有落,一年四季有春有夏,有秋有冬。人呢,有生必有死。我这么大岁数了,也该死了,这倒没什么。只是你看看,我这牙怎么样?"老子看了看,说:"您的牙都没了,全掉了。"然后,常枞又把舌头伸出来,问:"我的舌头还在吗?""您这舌头还在。"

常枞问老子:"为什么牙没了,舌头还在呢?"老子当时愣了半天,他知道,这是老师出了个题,让他思考。老子思考了一会儿回答说:"牙齿比较刚硬,舌头比较柔软。牙齿由于刚硬,早掉了,而舌头由于柔软,就一直保存下来了,您说的是这个意思吗?"常枞听完点了点头,说:"对啦,世之道理,皆在于此啊。"他是在告诫老子,凡事

不要太刚直,而要有韧性。

"齿亡舌存"这条成语就出自这个故事,指牙齿都掉了,舌头还存在。比喻刚硬的容易折断,柔软的却常能保全。

牝鸡司晨
pìn jī sī chén

——出自《尚书·牧誓》

中国古代有一个残暴的帝王,也是商朝的最后一个君主,叫纣王。纣王嗜杀成性,手下的大臣,动不动就被他杀了,他还制作了很多刑具,设计了常人料想不到的酷刑。虽然他很残暴,但他对自己的爱姬妲己特别宠爱。

由于他宠着妲己,大家对妲己也连带恨上了。小说《封神演义》里说妲己是个狐狸精,后来还有人说中国妇女裹脚,最早也始于妲己,说妲己是狐狸精变的,当她变成人形的时候,全身都变了,唯独两个后腿没变过来。她怕纣王发现了,就用白布把它们缠上,然后做一双小鞋套上,这样就成了小脚了。当然这只是一种传说,无据可考,裹脚也不是始于纣王的时代。老百姓无非出于对妲己的仇恨,就把很多的罪过都归到她身上了。其实妲己也不是什么狐狸精,《封神演义》里把她妖魔化了。妲己就是一位长得漂亮的女人,但生性也比较残暴。平素纣王也宠着她,她想怎么着就怎么着。

冬季里的一天,妲己在宫里取暖。那个时候没有暖气,也没空调,就靠火盆,在铜火盆里边拢上炭火,自然就热起来。妲己看见有一只蚂蚁爬到铜盆上,被烫得打了个滚,在铜盆里来回直折腾。一般人看到了,应该有同情怜悯之心,但妲己觉得很好玩。她便跟纣王说:"我帮着您想了一个刑具,用炭火把一根铜柱子烧红。谁要是不忠于您,您就让他抱住这个铜柱子,保证好玩,他保证就服了您。"纣王竟然同意了这种残酷的"创意"!于是就出现了一种名为"炮烙"的刑具。纣王对妲己后来是无所不应,妲己说哪个臣子不好,纣王就置谁于死地。全国的老百姓都恨透了纣王。

大话成语

最后,周武王起兵伐纣。武王在城外组织了队伍,做了一次战前动员,他跟大家说:"从古至今,没听说过有牝鸡司晨的,老百姓也有句俗话,叫'牝鸡司晨,家道败落。'意思是说母鸡不能打鸣,母鸡要是一打鸣,家庭就要倒霉。可是现在,纣王宠爱妲己,妲己要干什么就干什么,多少臣子死在了她手下!所以,我们要推翻纣王,重建天下。"经过一番战前动员,"牝鸡司晨"这条成语就流传开了,意思是指母鸡报晓,比喻妇女掌权当政。

潘郎车满
pān láng chē mǎn
——出自《晋书·潘岳传》

上一条成语说的是坏女人掌权的事,这次说一个漂亮男人的故事。

潘岳,字安仁,后来也有人叫他潘安。潘安从小就有才华,会做诗,被人称作神童,后来长大,善诗赋,而且还懂音乐,会弹琴,长得格外俊美。潘安还曾经在晋朝当过著书郎。

潘安有时候坐车,把琴摆在车上,车一边走,他一边弹琴。本来小伙长得就漂亮,再弹得一手好琴,别人又知道他很风雅,所以很多年轻姑娘对他非常钟情。据说有的女子看他走在街上,手拉手地就把他的车给拦住,让他给现弹一曲;有的女子为了表示对他的爱慕之意,就拿水果往车上扔,这个扔一个苹果,那个扔一个橘子,潘安在街上转了一圈,回家之后车里全是水果。他要是做生意开水果店,都不用本钱,到街上转一圈,能拉一车水果回来。所以由这里出来一条成语,叫"潘郎车满"。

潘安有个好朋友,叫张载。张载看见潘安上街转一圈就弄了一车水果回来,心想潘安能弄一车水果回来,是不是我自己也能呢?这就叫没有自知之明,张载跟潘安比,简直是不可同日而语,他长得实在太丑陋了。张载也学潘安坐着车,往街上转悠,大家根本就不看他,倒有一些小孩都过来了,噼里啪啦地往车上扔石头,张载吓得左躲右闪,他坐车转了一圈一看,车里边全都是砖头瓦块,差一点儿没把他脑袋开了花。

"潘郎车满"形容美男子受到女性的青睐,后用以表示男子为人们所爱慕。

骑者善堕
qí zhě shàn duò
——出自东汉·袁康《越绝书》

春秋末期,吴国国君是夫差,夫差打了几个胜仗之后,骄傲起来,大有"天下舍我其谁"的劲头,于是开始骄奢淫逸、沉湎酒色、不理朝政。朝中有些大臣向他进谏,比如说当时非常有名的大臣伍子胥,但是连伍子胥的进谏他也不听,后来没有多久,夫差重用了一个佞臣,叫伯嚭。伯嚭最会看吴王的眼色行事,吴王喜欢什么,他就给什么;得意什么,他就说什么。正由于这样,

大话成语

吴王夫差越来越亲近伯嚭而疏远伍子胥,后来伍子胥死了,夫差就完全听伯嚭的了。

伯嚭给夫差出主意说:"大王,您应该修一座姑苏台,居高临下,在上面弹唱歌舞,何其乐哉。"夫差很高兴,就动用国库的金银来修姑苏台。古代的统治者都好修台,可能是因为古代的高层建筑比较少,修一座高台,站在上面,能够看得远,心旷神怡。

夫差修了姑苏台,经常在上面欣赏歌舞,他养着一个歌舞班子,还挑选全国的美女来唱歌跳舞供自己娱乐。有时候他自己也去唱歌。他如此荒淫酒色,满朝的文武大臣对吴王是敢怒而不敢言,而伯嚭整天围在吴王前后左右,甚得他的宠爱。

后来夫差半夜睡觉做了一个梦。他梦见两只狗,一只狗朝南叫,一只狗朝北叫,叫得他睡不着觉,最后把他叫醒了。夫差醒了之后,就想梦里这两只狗,它们叫什么呢?是主吉,还是主凶呢?第二天早上,他找来了占卜之士公孙圣,把梦和他说了一遍。公孙圣本来对吴王就有意见,前不久曾经以占卜者的身份,向吴王进言说:"咱们的邻国越国,正在逐渐强大起来,有可能向我国进军。您得多加防范,加强吴国的军事力量。"夫差一听乐了,说:"越国算什么啊,别看他没进兵。他就是进兵,我用一只胳膊,也可以把他们打败。你以后少跟我说这个话。"他把公孙圣劈头盖脸地给数落了一顿,所以公孙圣心里一直对夫差存在一股怨气,恰巧今天夫差问他两只狗叫的梦是什么意思,公孙圣就说:"您这个梦做得不好,太可怕了,据我所知,喜欢摆船的,容易掉河里淹死,喜欢骑马的,容易从马背上掉下来摔着。您曾经征讨天下,周围的邻国都跟我们进行过战斗,积怨太深。据我掐算,您是属狗的,而您梦见一只狗朝北叫,另一只狗朝南叫,这意味将来您死的那天,会没有归宿,找不到地方下葬。"夫差听了大怒,一拍桌子说:"混账,推出去斩了!"马上把公孙圣给杀了。可是没过不久,越国果然兴兵攻吴,吴国惨败,夫差自杀。

"骑者善堕"就从公孙圣向夫差的谏言中而来,意思是惯于骑马的人常常会从马上摔下来。比喻擅长某一技艺的人,往往因大意而招致失败。

暴虎冯河
bào hǔ píng hé

——出自《论语·述而》

成语"暴虎冯河"中的"暴虎"指的就是赤手空拳去斗老虎,"冯河"呢,就是指没有船,愣往河里闯着过河。

孔子有三千弟子,七十二贤人,孔子周游列国的时候,他带着众学生,到处伸张自己的政治主张。他的学生里,有一个最勇敢的,能冲锋陷阵、身体也最棒的,叫子路,还有一个善读书、好思考的叫颜渊。

有一天孔子跟颜渊闲谈,孔子说:"颜渊啊,你的性格其实跟我差不多。我们现在到处游说,如果哪个国君重视我们,给我们官职,那我们就会为他尽心竭力地去干,如果游说的结果是我们得不到任何官职,那我们就会退隐林下。"颜渊觉得老师对自己过誉了,于是就躲开了。

子路在旁边看到了,不知道他老师跟颜渊说的什么,就把颜渊叫到旁边,问:"老师跟你说的什么?"颜渊把孔

子的话告诉了子路。子路心里不服气,心想,"真要是有国君让老师您领兵带将、冲锋陷阵,您还是得用我。"所以子路就找孔子去了,他说:"老师,我问您个问题。比方说有一个国君,让您统兵带将,到疆场上打仗,您要往前线上派人,那这些弟子中您会派谁?"孔子回答说:"我派的人绝不是赤手空拳就敢打老虎、没有船只就敢过河的那种人,因为这种人虽然胆大,但他最后肯定失败,我要派的人是遇事不慌、深谋远虑,能取得最后胜利的人。"子路一听,心里就明白了,孔子这是转着圈地批评他呢,子路就口服心服了。

"暴虎冯河"这条成语比喻人有勇无谋,鲁莽从事。

彭泽横琴
péng zé héng qín
——出自《晋书·陶潜传》

东晋非常有名的一位隐士陶渊明,他最初并不是隐士,而是个官员,在彭泽县做过县令。

有一天,县里的衙役告诉他,"您得快点做准备了。"陶渊明问:"出什么事了?"原来是郡里的督邮来了,督邮是郡守的助手,定期到郡里的各县去察看地方官在执行法律政策方面的情况,如果有偏差,就给予纠正。可是这次来的这个督邮,是通过钻营熬到这么一个位置,什么都不懂,到每个地方还狐假虎威。陶渊明一听这个人要来,就说:"他来了又怎么着?"衙役说:"老爷,督邮来了,您得戴好官帽,穿好官服,在外边正式迎接啊。""我迎接他?我知道这个督邮,他无非是一个乡间小人。""不迎接的话,郡守会对您生气的,他毕竟是从郡里来的。"陶渊明也来了脾气,"我才不为五斗米折腰呢。""五斗米"是指县令的俸禄,陶渊明干脆辞职不干了。

陶渊明回家之后,守着自己的田园,每天耕种。"采菊东篱下,悠然见南山。"就是陶渊明当时心境的写照,他还写了一篇赋,叫《归去来兮辞》。这篇赋里有这么两句话,"云无心而出岫,鸟飞倦而知还。"意思是说云彩在山里边自然就要出来,鸟要是飞倦了,自然就想回巢了。他暗指自己就像云彩出山一样，本来是无心去当官的，现在，他又像飞倦了的鸟一样，只想回家。陶渊明还在自己家里边，摆了一张古琴。

《晋书》里说陶渊明"性不解音"，就是说他并不太懂音乐，也不会作曲，也没听说他唱歌唱得好，但是陶渊明倒不是一点儿音乐都不懂。他家里边摆的琴没有任何标记，更重要的是竟然没有琴弦，朋友们聚到一起，喝酒喝高兴了，要唱上两句，陶渊明就用手比画着像弹琴一样，嘴里边哼唱，大家的

兴趣仍然很高。这就是"彭泽横琴"的出处，比喻志趣高雅不俗。

蓝田生玉
lán tián shēng yù
——出自《三国志·吴志·诸葛恪传》

接下来再说一个志趣高雅的典故，叫"蓝田生玉"。诸葛亮有个哥哥叫诸葛瑾，诸葛亮保西蜀刘备，诸葛瑾则保东吴孙权，这个典故就出在东吴。

东吴当时的主公是孙权，他对诸葛瑾非常熟悉。有天孙权大宴群臣，诸葛瑾也在场。诸葛瑾长的是张大长脸，形象不太好，孙权就想拿他开个玩笑。在大家兴致非常高的时候，孙权就传下命令说："牵上堂来！"下边就有人牵上一头驴来。牵一头驴倒还没什么，关键是在驴的前脸上写了三个字："诸葛瑾。"大家马上就想到诸葛瑾的长脸，于是全乐了。诸葛瑾一看主公拿他开玩笑，也不好说什么。

恰巧那天诸葛瑾带着他儿子来了，他儿子刚刚六岁，名字叫诸葛恪。诸葛恪走到孙权面前说："主公，您能不能

大话成语

把笔给我用一下,我再添两个字。"孙权命人将笔拿来给他,诸葛恪拿过笔,在驴脸上添了"之驴"两个字,这样就成了"诸葛瑾之驴"。

大臣们都笑着说:"哎哟,这孩子真聪明。"孙权也很高兴地说:"你这两个字添得很好,这头驴就归你了。"

过了一段时间,孙权又见到了诸葛恪,问他:"你爸爸在东吴,你叔叔诸葛亮却在蜀国保刘备。我问你,你叔叔跟你爸爸相比,谁更有才华,谁最聪明?"孙权的问话,等于给孩子出了难题。大家都知道,诸葛亮足智多谋,诸葛瑾不如诸葛亮。可是诸葛恪不假思索,立即回答说:"主公,我觉得我爸爸最聪明,我爸爸更有才华。"

孙权一听,来了兴趣,接着问:"你爸爸怎么有才华?你能说清楚吗?"

诸葛恪说:"我爸爸知道保明主,您是真明主,而我叔叔不知道保明主,所以他保刘备去了。"孙权听了,连连点头。

后来孙权跟诸葛瑾说:"蓝田出美玉,将门生虎子啊。"蓝田是陕西的一个地方,以出美玉而著名。孙权的话是对诸葛瑾的肯定,更是对诸葛恪的褒奖。

"蓝田生玉"比喻贤父生贤子,也比喻名门出贤子弟。

木人石心
mù rén shí xīn
——出自《晋书·夏统传》

晋朝有个叫夏统的人,自幼博学多才,才艺广泛,他会做诗写赋,而且还会谱曲,谱写过很多当时很流行的歌曲,所以夏统的名气很大。

有一回夏统在洛水上坐船,正好碰上了朝中的大官太尉贾充。贾充知道夏统很有名气,想把夏统给招过来,就跟他说:"以你的才华,完全可以为朝廷效力。"夏统已看出当时统治者昏庸无道、朝政腐败,他不愿意跟这些人同流合污,但是表面又不能这么说,就回答道:"我是不会做官的人,我要是做官的话,恐怕要误事的。"结果两人没谈成,夏统回到自己的船上去了。

贾充心想,这天底下还有不愿意做官的人吗?我得让你知道这做官的好处,让你看看做官的风光。所以贾充让手下人把仪仗队拉出来,只见整齐的军队、华丽的车马,号令兵还吹着响亮的号角。

但是夏统只在船舱里待着,一直不出来,后来贾充又把歌女都叫出来,在夏统的船前弹唱歌舞,歌女们连唱带跳,很是热闹,但夏统还是在船里边待着,无动于衷,根本瞧都不瞧。贾充不

理解地说:"天下竟有这样的怪人!真像是木头做的人,石头做的心啊!"其实夏统是有自己独立的追求。

"木人石心"成语即来源此处,形容意志坚定,任何诱惑都不动心,或者比喻人冷酷无情。

金龟换酒
jīn guī huàn jiǔ

——出自唐·李白《对酒忆贺监诗序》

李白是唐朝的著名诗人,被人称为诗仙,他自幼才华横溢,二十多岁的时候就已经很有名了。

李白二十多岁的时候,来到长安住在一家很普通的宾馆里。长安城里写诗的人知道李白来了,都去拜访。当时朝廷的秘书监贺知章也会作诗,而且写的非常好,已经六十多岁了的贺知章开始以为李白能来拜访自己,但是没想到,李白很清高,没有来。贺知章非常豁达,于是就亲自登门去拜访李白,李白受宠若惊,没想到这么德高望重的老人

大话成语

亲自来拜访他,就毕恭毕敬地接待了贺知章。贺知章与李白一见面,真是相见恨晚,越谈越投机。

贺知章问:"最近您又写什么诗了?"李白就把《蜀道难》这首诗拿出来交给贺知章,贺知章拿过来才读了一半,就赞不绝口:"李白啊,我看你不是一个人啊!"

李白吓一跳,说:"您这是什么意思?"

贺知章笑着说:"你是上天派到人间来的一个神仙,要不然诗怎么能写得这么好呢?"

后人称李白为诗仙,就与贺知章的这句话有关系,可以看出贺知章对李白的才华实在太欣赏了。

读完《蜀道难》,贺知章跟李白说:"来,我请你喝酒去。"贺知章爱喝酒,李白更爱喝酒,李白跟着贺知章到了一家酒楼,也是当地最好的一家酒楼。两个人一边喝酒一边谈诗,越谈越高兴,酒喝完了,该结账了,贺知章往腰上一摸,才发现没带钱,贺知章当场就解下了身上的一个饰物金龟,这个金龟可是有来历的,是当时的皇上赐给贺知章的。贺知章把皇上送的金龟解下来,告诉酒保:"把它拿去,给我当了,酒账就从当的钱里出。"这就是"金龟换酒"的故事。后来李白在《对酒忆贺监诗序》里回忆了这一豪爽场景。

"金龟换酒"就是指解下金龟换美酒,形容为人豁达,恣情纵酒。

金貂换酒

jīn diāo huàn jiǔ

——出自《晋书·阮孚传》

贺知章"金龟换酒"招待李白的故事流传千古，一字之差，还有一个典故：叫"金貂换酒"，则是另一番味道，主人公是晋朝时的阮孚。

阮孚也是好酒、懂诗，做官一直做到黄门侍郎、散骑常侍，经常出入皇帝左右，相当于皇帝的高级秘书。他的官帽上有一个小金貂，是做装饰品的，这可是皇帝的赏赐，也是身份和地位的象征。

有一次阮孚喝酒没带钱，店里又不给他赊账，他就把这个金貂摘下来，当成钱来换酒喝。

其他大臣知道了这个事之后，就到皇帝面前去告他的状，皇帝听说之后，仅仅一笑而已。因为皇帝知道阮孚这个人，虽然太爱喝酒，但还是很有才华。

"金貂换酒"的意思是取下冠饰换美酒，形容不拘礼法，恣情纵酒。

大话成语

口血未干
kǒu xuè wèi gān

——出自《左传·襄公九年》

春秋时候，晋国和楚国是两个大国，两国之间，夹有一个小国，就是郑国。晋国跟楚国经常打仗，一打仗，中间的郑国就倒霉，每次总要审时度势，依附于某一方，不然就会挨揍。

有一次郑国跟楚国的关系走得近了一点，晋国就生气了，联合鲁国等很多小国，组织了一支军队，向郑国发动进攻。郑国的国君很害怕，把文武大臣包括他的公子找到一起，商量对策。公子䮕说："事到如今，我们只能跟晋国订立盟约。"所谓订立盟约，就是说郑国甘愿做晋国的附属国。郑国的国君觉得只有如此，于是就写了一封信，派人送到了晋国的军营之中。

当时晋国中军的首领叫知䓨，上军的首领叫荀偃。知䓨说："依我看，我们可以跟他签订盟约，签订盟约后，楚国肯定会生气地发兵攻打郑国，他们肯定得迎战，楚国打仗必有消耗，当他们人马弱势的时候，我们再出兵，不但可以打败楚国，同时，也能让郑国知道我们的实力。"荀偃一听有道理，于是就答应跟郑国订立盟约。

郑国派了公子䮕来与荀偃等人签约，订立盟约的时候要歃血为盟，这是古代的规矩，用歃血的方式证明自己许诺再不反悔，所谓"歃血"，据说是把牲畜的血弄到一个碗里，然后含一口血；还有一种说法，就是把血涂在嘴唇上。以此说明不再反悔，对立

下的誓约永远记住，若违背的话，上天就要责备。

签订盟约的消息很快就被楚国知道了，楚国国君心想，郑国跟晋国签订了盟约，那就是说跟我们要疏远了，于是楚国马上兴兵讨伐郑国。

一听说楚国发兵，郑国马上向晋国求救，可是晋国却没有出兵，他们正等着消耗楚国的军事力量呢。这种情况下，公子骓说："事到如今，没有别的办法，我们只有和楚国也签订盟约。"一说完这句话，朝中的大臣都表示反对："您怎么能说出这样的话来啊？我们刚跟晋国签的盟约，口血未干啊，难道就违背前约了吗？"但是公子骓一听就笑了，说："口血未干？违背盟约的不是我们，那是晋国啊。"

成语"口血未干"就从这里留下来，意思是说订约不久就毁约。

日暮途穷
rì mù tú qióng

——出自《史记·伍子胥列传》

春秋时候，楚平王荒淫无道，竟然霸占了自己的儿媳。怎么回事呢？楚平王手下有一个佞臣，叫费无忌，他知道楚平王好色，就先把楚平王儿子要娶一个漂亮妻子的事告诉了楚平王，楚平王便有意要纳这个儿媳为妾，费无忌给他使了一个计策，楚平王真按照他说的做了。

这件事使满朝文武对楚平王都有了看法，当时的丞相伍奢向楚平王进言说："您作为一国之君，不应该做出这种违背伦理的事情。"楚平王脸上挂不住，后来找了个借口把伍奢全家斩首，伍奢有两个儿子在外做官，长子伍尚，次子伍员，伍员也就是伍子胥。楚平王设计想把伍尚和伍员一块儿调回朝，兄弟两个一商量，决定伍尚先回去看看情况，结果伍尚一回来，就跟父亲伍奢一块儿被杀了。

后来伍员就是伍子胥逃到了吴国，帮助吴王阖闾取得了王位。吴王阖闾为了感谢伍子胥，决定帮伍子胥为他全家报仇，吴国便发兵攻打楚国。这时候，楚平王已死，他的儿子

大话成语

楚昭王继位。楚昭王打不过吴国，最后他从楚国的首都郢都，也就是现在湖北省江陵一带，逃到附近一个小国隋国避难去了。伍子胥和吴王阖闾打进了楚国的首都。

伍子胥攻楚是找楚平王报仇，但是楚平王已死，他儿子跑了，伍子胥心想："我这个仇等于没报啊。"他就想去挖楚平王的坟，一打听，有人说城东外边有一个面湖，离湖不远有楚平王的坟，伍子胥到那找了半天也没找到。

后来，伍子胥找来了一个修墓的石匠，在他的指点下，才找到楚平王坟地。伍子胥怒火中烧，把楚平王的坟整个给刨了，把尸首也给搬出来了，伍子胥抽出铜鞭，一气打了尸骨三百余下，连骨头都打折了，最后还把脑袋砍了下来。

伍子胥鞭尸的事，被他的朋友、楚国的大臣申包胥知道了。申包胥派人给伍子胥送来了一封信，申包胥说："我跟你是朋友，当年你逃走的时候，我也曾经帮助过你。楚平王已经死了，你这次把他的坟刨了，把尸首也搬出来，又打了三百鞭。人家会说，你伍子胥心胸太狭窄，人死就完了呗，干吗还要算这个仇呢！"

伍子胥看到申包胥这封信后，跟送信人说："我现在繁忙，没有时间回信。请你回去跟申包胥说，我全家都已经被楚平王杀了，已经没有什么亲人，如今我是忠孝不能两全，已经到了'日暮途穷'的地步，顾不得这许多了，所以才做出这种有悖伦理之事。"这就是"日暮途穷"的出处，说明伍子胥当时的处境，已经到了前途非常暗淡、没有多少路可走的地步。

"日暮途穷"就是说天已晚，路已走到了尽头，比喻到了末日或衰亡的境地，也比喻到了无路可走的地步。

秦庭之哭
qín tíng zhī kū

——出自《左传·定公四年》

接下来的成语故事是前则成语故事的延续,叫"秦庭之哭"。

伍子胥带领吴国的人马打到楚国的首都之后,许多残酷的做法使得楚国的老百姓对他们产生了反感,很多老百姓就对楚昭王说:"您应该上秦国借兵去,借来秦国的兵,就可以把吴国的人马赶出去。"

楚昭王说:"秦国素来跟我们不太和睦,我到人家那去借兵,人家能出兵吗?"这个时候大臣申包胥自告奋勇说:"这个事让我去吧,我能让秦国出兵。"于是楚昭王就派申包胥到秦国去了。

当时秦国的国君是秦哀公,申包胥到秦国见了秦哀公,把吴国进犯楚国,在楚国的所作所为都哭诉了一遍,希望秦哀公能够出兵帮助楚国恢复疆土。但是秦哀公开始并不肯出兵,申包胥就跪在地上苦苦哀求,无论申包胥怎么苦苦哀求,秦哀公也不愿意出兵,最后秦哀公说:"你还是先回馆驿休息吧。"申包胥不愿回去,还在那里跪着哭。秦哀公

就自己先回去了，申包胥就站起来，靠在墙上哭，一连七日七夜都是如此，最后终于感动了秦哀公。

最后，秦哀公发兵，把吴军从楚国赶走了，楚国因此而复国。"秦庭之哭"这条成语也流传下来。

"秦庭之哭"原指向别国请求救兵，后也指哀求别人救助。

青毡旧物
qīng zhān jiù wù

——出自《晋书·王献之传》

王献之是晋朝大书法家"书圣"王羲之的儿子，两人都是书法大家，号称"二王"。

据说王献之六七岁练字的时候，王羲之就在后边倒背着手看着，王献之写着写着，王羲之突然间就去拔王献之的笔，但却没拔出来，原来王献之握笔的力量非常足。当时王羲之就说："这个孩子将来长大了，肯定要有大出息。"果然如他所言，王献之长大之后，官做得比父亲王羲之还大。王羲之是右军将军，王献之则做到了中书令。

王献之不但字写得好，为人也好，豁达大度，心地宽厚。有一天晚上，王献之躺在自己的床上，已经睡着了，但是灯没吹灭，忽然他听见耳旁有动静，就微微地把眼睛睁开，发现有三个小偷正拿着一个口袋，往里边装东西。

王献之很沉稳，心想自己倒要看看他们意欲何为，于是便眯缝着眼睛瞅着盗贼。王献之看到小偷把一对灯台装口袋里了，那是银的，能值点钱；一会儿，又把镇尺装里面了，其实那玩意是铜的，值不了几个钱。过了一会儿小偷把柜子打开了，往外拿

衣裳,王献之想,为盗之人大概都是饥寒交迫,那就让他们拿两件吧。小偷往袋子里边装了四五件衣服,最后又从柜里掏出一块青毡子来。王献之对这块青毡子印象很深,这是他们家祖传之物,他看到这里忍不住了,坐起来,把眼睛一睁,大声说:"那件可不能拿走,那青毡子是我们家祖传的,你们把那件东西给我留下,剩下的你们都可以拿走。"这三个小偷正在屋里偷东西,突然看到主人坐起来,吓得什么东西都没拿,撒腿就跑。三个小偷跑了,却留下一条成语"青毡旧物",比喻家传的珍贵之物。

窃时肆暴
qiè shí sì bào
——出自唐·柳宗元《三戒》

这次再说一条古人养宠物的成语,叫"窃时肆暴"。古人不但养宠物,还有把老鼠当宠物养的。柳宗元曾经被贬到永州当司马,在那里,他写了《三戒》这篇文章,里边就说了这么一个故事。

永州有一户人家,主人属鼠,本来属鼠也好,属其他的什么也好,也就是一个符号,说明不了什么。但这家主人认为,自己属鼠,家里的老鼠就不能动,所以他跟家里人说:"家里老鼠千万不能打。我是属鼠的,我就等于是那老鼠,老鼠就是我。你们要是打了老鼠,我就要倒运,你们好好养着老鼠,我就能发财。"所以他家里的老鼠一到晚上,就出来咬衣服,吃粮食,到处乱钻,甚至吱哇乱叫,都没人管,老鼠最后胆子越来越大,不光晚上出来,白天也满屋子乱窜。有时候家里来了客人,客人看到这情况,都很纳闷,心想这家怎么回事啊。有人告诉他们:"这家不打老鼠,所以把老鼠在家里娇惯成性了。老鼠是白天也好,晚上也好,想出来就出来,想咬什么就咬什么,所有的衣裳上都是窟窿,箱子也都咬漏了,粮食里边还掺着老鼠粪。"

后来这家主人搬家了,房子换了主人,新主人可不是属鼠的,到房子里一看,都挺好,唯独就是鼠患成灾。一问前主人,才知道因为他是属鼠的,从不打老鼠,所以把老鼠都惯成这个样子。新主人可不管这些,他

大话成语

先养了六七只猫,接着买鼠夹子、买老鼠药。这一来,老鼠是死的死,伤的伤,喂猫的喂猫。最后,老鼠吓得都不敢出来,躲到窝里边去了。这位新主人更绝,烧好了开水往老鼠洞里边倒,将老鼠断了根。从此以后,这家再没有老鼠了。所以就有了"窃时肆暴"这条成语。"窃"是偷盗之意,"肆"是放纵,任意行事之意。

老鼠原来为什么能那么猖狂呢?因为它们赶上了主人宠着它们的时机,等没有势力可倚仗的时候,也就垮台了。后来,"窃时肆暴"比喻得势时胡作非为,横行霸道。

结驷连骑
jié sì lián qí
—— 出自《史记·仲尼弟子列传》

孔子有三千弟子,七十二贤人。所谓"七十二贤人"就是三千弟子里最出色的72人,后人都知道他们名字。72个弟子里也各有特点,比如子路,以武勇见长;颜回则多才而短命;官当得最大的是子贡;最穷的就是原宪。

孔子死后,子贡和原宪两人都留在卫国,卫国是一个小国家,子贡在卫国当上了宰相,原宪虽然腹有良谋,但是很清高,在卫国当隐士,所以很穷困,什么也没有。原宪住在草泽之地,周围全都是乱草,连庄稼都不长,只有些水泡子,原宪修了三间破草房,就这么住着。子贡开始并不知道原宪也在卫国,后来一个偶然的

机会,有人告知了子贡,子贡于是带着许多车马、随从去找原宪,原宪出来迎接子贡,别看原宪这个人穷,但他有骨气、不伪装,是什么样就什么样,他戴着一顶草帽,穿着打着补丁的破衣裳,腰里系一草绳子,脚下穿着一双草鞋就出来迎接了。子贡一见原宪,就问:"夫子居住于此啊?"

原宪说:"不知宰相光临何事?"

子贡就问了原宪一句:"你是不是有病啊?"原宪明白了子贡的意思,也不客气地说:"没有钱没有东西,这叫贫穷;学会了伦理道德、人情礼仪而不适用,这才叫有病。我不是有病,我只是贫穷。"这几句话把子贡说了个大红脸。因为原宪的话里内含讥讽,讥讽子贡跟着孔子学了那么多知识,也知道礼仪,现在自己"结驷连骑",很有排场,看到人家穷,就瞧不起人家,把以前跟着孔子学的道德观念都忘了。

"结驷连骑"中的"驷"是古时一乘车所套的四匹马;"骑"是指骑马的人。"结驷连骑"就是指随从、车马众多,形容排场阔绰。

洛阳纸贵
luò yáng zhǐ guì

——出自《晋书·左思传》

前则故事中的原宪口才还是好的,口才不好的人怎么办呢?

晋朝时候的左思口才就很不好,但非常有文采,他很少高谈阔论,有什么话都在肚子里边装着。左思曾写了一篇《三都赋》,就是写三国时魏、蜀、吴这三国的建都之地的赋。这篇赋写了多长时间?整整11年。左思的《三都赋》写出来之后,却没人知道,那时候宣传媒体很落后,就靠人的嘴往外传,可左思本人又不会说话,更不会炒作。

后来一个偶然的机会,《三都赋》

大话成语

被当时的一个名人看见了。名人看完后，觉得《三都赋》写得非常好，就为此做了个序，使《三都赋》在民间、官场中很快流传开了。当时还有一个人也想写《三都赋》，是个大文豪，极有文才，就是陆机，东吴大将陆逊的后代，有人就去告诉他说左思已经在写《三都赋》了。

陆机见过左思，知道左思半天都不说一句话，是个非常木讷的人。陆机心想，等左思写完后，自己再写也不迟。后来左思的《三都赋》先写出来，陆机看完左思的《三都赋》后，由衷地佩服，陆机说："这《三都赋》我不用再写了，写出来也超不过左思。"由于陆机对左思的承认，左思的《三都赋》更加走红了。

当时所有的文人墨客、官场士大夫以及读过书的人都纷纷传抄左思的《三都赋》，一时弄得洛阳纸张奇缺，纸价也高了，就有了这条成语，叫"洛阳纸贵"，比喻著作有价值，流传广。

群策群力
qún cè qún lì
——出自西汉·扬雄《法言》

秦朝末年，项羽、刘邦两人争夺天下。项羽破釜沉舟，击败过章邯，打出了声望，天下人一提项羽，谁都怵三分。刘邦最初是个弱者，没有项羽兵多将多，谋士也没有项羽多。可是随着形势的发展，局势产生了变化，刘邦越来越强大,项羽倒显得薄弱了。最后刘邦起用了大将军韩信,在九里山垓下地区设下伏兵,把项羽包围,项羽只有在乌江拔剑自刎,临死的时候他说:"此天亡我也,非战之罪。"就是说,这是老天爷要灭我,不是我在战斗中有什么过错,项羽到死也没明白自己为什么败了。周恩来总理看《霸王别姬》这出戏的时候,用"四个一"总结项羽,说项羽不听群臣劝解,执意出兵,陷入包围圈,这叫"一意孤行";到了垓下被困,无法突围,这叫"一筹莫展";最后让虞姬给他斟酒、舞剑、绝唱,这叫"一曲悲歌";在乌江边上,没有退路了,拔剑自刎,这叫"一败涂地",这就是项羽走过的道路。

刘邦倒是很善于总结。刘邦曾经对群臣说:"要论运筹帷幄决胜千里,我不如张良;要论运粮运草,安抚地方,我不如萧何;要论统兵带将,疆场战斗,我不如韩信。这三个人我都不如他们,可最后我怎么胜了呢?因为我会使用了他们三个人。"刘邦总结的是很有道理的。

后来,汉代的文学家扬雄,写了一篇《法言》,在里边总结汉朝胜利的原因,说:"汉趋群策,群策趋群力之故也。""趋"在这当竭尽的意思讲,汉朝为什么能胜利?就是因为能竭尽全力搜集大家的意见,又能竭尽全力地让大家都按照这个方法去做,同心协力。这就是"群策群力"这条成语的来历。后来把不管做什么事,众人一心,一起努力叫做"群策群力"。

权宜之计

quán yí zhī jì

——出自《后汉书·王允列传》

王允是东汉大臣,在东汉时候,他曾经亲自率军镇压黄巾起义,立有功勋。在镇压黄巾起义的过程中,他在黄巾军的头领处搜出一封信,这封信是当时皇帝的宠臣中常侍张让手下的幕僚写给黄巾军将领的,从内容上看,就是跟黄巾将领有勾结。这封信交给了皇帝,皇帝一看,是张让手下人写的,信里边有受张让之托的意思,皇上马上把张让找来,张让接过信后脸都变色了,但是他并不承认,"陛下,我能做这种事吗?这只是我手下人写的。"皇上说:"可那上面说是你的意思。"张让还是死活都不承认。按说就这一封信,能让张让砍头,但张让担任中常侍,很受皇上喜欢,皇上只把他骂了一顿,这事就算过去了。张让从此恨上了王允,没多久,张让在皇上面前说王允的坏话,说王允背地里讽刺皇上,这次皇上却相信了,马上把王允打入监牢。

到了监牢里之后,王允可就受罪了,张让恨不能马上置王允于死地。王允有两个不错的朋友觉得与其这样遭罪,还不如自杀算了,于是两人拿了一碗毒药来找王允。王允一看脸沉下来了,怒斥他们:"我是大汉朝臣,凭什么要喝毒药?我犯了什么罪?就算有罪,也要等皇上砍我的头。你们让我喝毒药,如果我自杀了,没罪也会变有罪,别人会说我畏罪自杀。我无罪,我畏的什么罪啊?我不喝毒药。""啪"的一下王允就把碗给摔碎在地上。

后来,幸亏有大将军何进等人在

皇帝面前苦苦讲情,皇帝总算把王允放了。王允离开了京都,隐姓埋名,不想做官了,后来皇帝死了,汉献帝登基。汉献帝知道王允是忠臣,就重新起用了他,当时正是董卓专权的时期,王允让貂蝉用美人计离间了董卓和吕布的父子关系,把董卓给除掉了。这时王允感觉大患已除,天下太平,再无权宜之计。什么意思呢?原来以往王允做什么事都很谨慎,每件小事,即使不能彻底解决,也要临时想一个办法。可他认为现在天下太平,不再需要采用权宜之计了。后来,他很多事情都解决得不好,很多下属离他而去。最后王允还是被董卓遗留下来的同党给害死了。

"权宜之计"这条成语就来自这里,指为了应付某种情况而暂时采取的办法。

骥伏盐车
jì fú yán chē
——出自《战国策·楚策》

古时候有一匹千里马,所谓千里马,就是日行一千、夜走八百的宝马良驹,遗憾的是这匹千里马没能上战场,而是落到了一个商人手里,他让这匹马给他拉车运货,年复一年,月复一月,这匹千里马整天卖着傻力气,给这个商人拉车赚钱,商人赚得腰缠万贯。

千里马逐渐老了,有一天,商人赶着车,要去一个大镇上卖盐,盐包的分量很重,商人坐在车辕上,拿着鞭子使劲打这匹马,马已经老了,像人一样,"不能以筋骨为能",它已不像年轻的时候那样有力气。当走到一个高坡上的时候,马就慢下来了,马儿一慢,商人就拿鞭子抽打。宝马都有三分龙性,它也想努力往坡上走,四条腿直哆嗦,满身冒着汗。

就在这时候,走过来一个人,这人叫孙阳,绰号"伯乐"。伯乐,据说是一个星座的名字,伯乐善识千里马,不管什么样的千里马,他用眼睛一扫,就能看出来。伯乐看见正在拖着重载上坡的千里马,年岁已经很大了,可是赶车的人还那么使劲打它,伯乐立刻喊了一声:"停下"。商人立即把车闸扳上了,伯乐几步来到千里马面

大话成语

前,马儿浑身都是汗,鼻孔里往外喷着白气,伯乐看了看,觉得这样冷的天它还累出了一身汗,这匹马是太要强了。伯乐把自己的外套脱下来给千里马盖上,摸摸千里马的马头,又用手抚摸着它的鬃毛,说:"好马啊,好马啊,你怎么会落到他的手里呢?看来你没少遭罪啊。"眼中闪现泪光。

商人愣了,说:"你干什么?"

"我干什么?你知道这匹马是什么马吗?你有眼无珠,根本就不认识它,这是一匹千里马,若到疆场之上,它会日行千里,为国家出力,没想到它今天竟然落到你的手里!"伯乐把赶车的人痛骂一顿。

"骥伏盐车"的来历就是上面的故事,"骥"是千里马的意思,"伏"是架着的意思,它比喻才华遭到抑制,处境困厄。

困兽犹斗
kùn shòu yóu dòu

——出自《左传·宣公十二年》

春秋时期,晋楚两个国家之间经常打仗,断断续续打了有八十年之久。有一年,两国又打了起来,晋国的主将荀林父由于判断错了天气,导致晋军大败。荀林父心想,这次战争失败,我作为主帅实在无颜再见我的国君。所以见到晋景公的时候,他跟晋景公请罪:

"我指挥失利,愿受死罪。"晋景公本来就憋了一肚子气,一听说荀林父主动请受死罪,立即一拍桌子,大声说:"好!就按照你说的办吧。"叫手下把荀林父推出去就要杀掉。

卫士们把荀林父往外推的时候,有一位叫士会的大夫上前阻止,他跟晋景公说:"主公,您还记得吗?周襄王二十年的时候,晋楚两国在城濮曾经打了一仗,那个时候还是晋文公在位,那一仗是我们胜了,楚国败得很惨,我们得了他们一百辆战车,俘虏了他们一千名士卒,同时他们扔下的大批粮食,我们足足吃了有三天。当时大家都兴高采烈,唯有晋文公一点儿笑容都没有,我们就问:'打了这么大的胜仗,您为什么还面无喜色呢?'文公说:'得臣未死,困兽犹斗,我有什么好高兴的?'就是说,'楚国的指挥者成得臣虽然由于指挥失误打了败仗,可是他还活着,成得臣只要不死,就像一只被困的野兽一样,还会想着拼命,还会想着再战斗,我们的敌人还在那警觉着呢,我有什么可高兴的呢?'后来楚军在回师的路上,楚王让成得臣自刎了。得到这个消息,晋文公才喜形于色。主公,您今

天要把荀林父给杀了,岂不是就好像当年楚王杀成得臣一样吗?古往今来,胜败乃是兵家常事,偶尔打了一个败仗,你就要把主帅杀了,岂不是让敌人高兴?如果楚军再来侵犯我国边境,那谁来指挥呢?"听完士会的话,晋景公马上赦免了荀林父。

这就是成语"困兽犹斗"的出处,意思是指被围困的野兽还要作最后挣扎,比喻在绝境中还要挣扎抵抗。

樵柯烂尽
qiáo kē làn jìn
——出自南朝·梁·任昉《述异记》

晋朝有个樵夫,叫王质,有一天上山打柴,兴致很高,一直走到了山顶。山顶有一处平地,平地上有一个天然的石头棋盘,两个十几岁的年轻人正在下棋,两边还站着两个看棋的,岁数都差不多。王质有个习惯,看棋看到后来,

大话成语

就想支招。他支完招,下棋的一个小伙子回头看了看他,就按他说的走了棋,还真赢了,王质心里很高兴。他看了一会儿棋,觉得肚子有点饿了,该回家吃饭,他看棋时,把砍柴的斧子撂在旁边的柳树下了,他一转身想捡起斧子下山去,好带着柴火回家。站着看棋的两位就跟王质说:"别走啊,您接着看棋啊,您要一走没意思了,刚才您支的招真不错。"

王质说:"肚子饿了,我得回家吃饭去啊。"旁边的一个年轻人,便从兜里掏出一颗红枣来,王质把这颗枣吃了之后,马上就感觉不饿了,于是接着看棋,一连看了三四盘。当王质准备再去捡斧子回家的时候,他惊奇地发现斧子的木把都烂了,斧头上都长了锈。他下山一看,柴火都烂得没影了。王质只好顺着道路往回走,回到村子里,到自家门口一看,家里边没人,门也上了锁。

这时候,一个九十多岁的老头拄着拐棍从旁边走出来。

王质说:"老爷子,我是王质。"老头很奇怪,说:"王质?王质不是早死了吗?"

王质很震惊,"谁说的?我刚上山打柴,看了会棋就回来了。"

老头摇摇头说:"哎哟,这不可能啊,好几十年前,人们就说王质上山没回来啊。"

"那我家的媳妇儿呢?"

"你媳妇儿早死了,你女儿嫁出去,都有了孩子了,现在也成一老太太了。"

王质这才知道,虽然自己不过看了三盘棋,人世间却已经过了几十年,这就是"樵柯烂尽"这条成语的出处,字面意思是砍柴用的斧子手柄都已经烂掉,比喻时间的长久和世事的变迁。

青门种瓜
qīng mén zhòng guā

——出自《史记·萧相国世家》

汉高祖刘邦得天下，靠的是三杰，三杰就是萧何、张良、韩信。刘邦得了天下之后，陈豨造反，刘邦带着队伍去征讨；后来他听说韩信也有反心，就在萧何的谋划下，由吕后在未央宫把韩信给杀了。

平定陈豨后，刘邦把萧何找来，说："相国为汉朝天下的建立立下了不朽功勋，对您应给予食邑五千户的重赏。"所谓食邑五千户，就是把五千户上缴的税收都给予受封者。刘邦又说："我给你派五百名军兵，还有一名校尉，作为你日常的护卫人员。"萧何听了之后非常高兴，回自己的府中后，满朝的文武大臣都来给萧何祝贺。

傍晚来了一个人，是萧何的好朋友召平，曾经在秦朝做过官。后来汉朝得了天下，也想让他出来做官，但是他拒绝了，就在长安城的东门外边，弄了一块地专门种瓜。他种的瓜非常好，老百姓都爱吃，因为他在秦朝做的官是东陵侯，所以大家给他的瓜也起了一个名，叫"东陵瓜"，又因为长安城的东门又被老百姓称作"青门"，所以"东陵瓜"也叫做"青门瓜"。这召平跟萧何两人私交很好。

萧何问他："连你也来祝贺我了？"

召平说："我不是来向你祝贺，我来给你吊孝来了。你以为刘邦给你五千户食邑是好事吗？这不是好事！他又给你五百军兵，再加一个校尉，你以为这还是好事吗？这也不是好事。陈豨造反，刘邦把他平定了；韩信有反心，刘邦把他杀了，你萧何有没有反心？刘邦就那么信得过你吗？为什么他给你这么重的封赏，那是为了稳定你啊，你如果把这些东西接受下来，刘邦心里就会惦记着你了。"

萧何觉得他说的有道理，就问："那依你之见该怎么办？"

召平说："依我之见啊，你快点去见刘邦，就说五千户食邑你不要，五百名军兵你也不要，那五百名军兵是专门看着你的啊,你有点什么变化,刘邦马上就知道了,你快给他退了吧,那个校尉也辞回去。不但这样,你还要把你自己的家财拿出一半来,贡献给刘邦,让他用于军队建设。这样的话,你就稳当了。"萧何于是按召平说的办了,果然刘邦从此对萧何放心了许多。

后来人们更把召平视做清高之士,所以就有了"青门种瓜"这条成语,比喻隐士隐居不当官。

强作解人

qiǎng zuò jiě rén

——出自《世说新语·文学》

战国时期,出了一批说客,所谓说客就是到各个国家讲述自己治国之道的人,国君如果接纳的话,就会让他为官,他也就有了施展才华的机会。这些说客里,有的有真才实学,有的只是善于辩驳,甚至还有诡辩者,其中一个代表性的人物,叫公孙龙。他曾经写过一篇《白马论》,文章说"马"指的是马的形态,"白马"指的是马的颜色,形态不等于颜色,所以"白马"非"马"。

《白马论》一直流传下来,晋朝的名臣谢安,有天就看到了《白马论》,看了半天还是不明白,谢安是个认真的人,学习上喜欢刨根问底。最后,他去请教一个被公认为最有学问的人,此人叫阮裕,官职为光禄大夫,人们都管他叫阮光禄。谢安见了阮裕,说:"我最近正读《白马论》,看不太懂,想请您解释解释。"阮裕接过《白马论》看了几句,说:"这篇东西很深奥啊,这样吧,我把它拿回家去,看明白之后呢,我给你写一篇解释的文章,然后你再看,怎么样?"谢安说:"好吧,拜托您了。"

过了三天,阮裕见到谢安,说:"解释的文章我已经写完了,你拿去看看,很快就会明白了。"谢安连声说谢,拿着阮裕的文章回到自己家里,他把解释的文章仔细读了三遍,却更糊涂了——比《白马论》还难懂。

第二天,谢安拿着这两篇文章找阮裕去了,说:"我实在是才疏学浅,您不解释,我还知道点,您这一解释,我简直就如在五里云雾之中,更糊涂了。您说说这句话什么意思,这句又是怎么意思?还有这句……"谢安这么一问,

把阮裕也给问住了。

其实阮裕对《白马论》也不太明白,他是不懂装懂,东一句、西一句地瞎解释,最后当然也没说清楚。后来把不明真意而乱发议论的人就叫做"强作解人"。

按图索骥
àn tú suǒ jì
——出自明·杨慎《艺林伐山》

古代有一位相马的高手,叫伯乐,本名叫孙阳,他写了一本书,叫《相马经》,把他一生相马的经验都集中在这本书里了。伯乐有个儿子,觉得他爹这一辈子特别风光,甚至有些国君亲自到他家里来请伯乐去相马。所以他儿子就跟伯乐说:"爹,将来我长大之后,我跟您一样,也学相马。"伯乐说:"学习相马可以,你得积累经验啊,你会相马吗?"

儿子回答说:"我会啊,我看过您的书了。我天天读,都能背下来了。"

"那你说,什么样的马才能叫千里马?"

"前额两边鼓鼓的,眼睛亮亮的,蹄子

又大又端正的,这就是千里马,对不对?"

伯乐觉得儿子说得还有几分道理,就让他出去试着找一匹千里马回来。儿子出去了三天,最后提着一个瓦罐回来了,他告诉伯乐:"我找回千里马来了。"说完就把瓦罐往前一递。伯乐一看,里边是一个癞蛤蟆。伯乐不明白,问:"这是什么啊?"儿子回答:"千里马啊。两边额头鼓出,眼睛特亮,只是没有蹄子,也不端正,只差这点,但其他两条都够标准了。"伯乐又好气又好笑,说:"还有一条,千里马得日行千里,这个东西爬得很慢,偶尔才蹦一下,也没法骑。这叫什么千里马?"找千里马找到了蛤蟆,伯乐知道自己的这个儿子终究是不能成器了。

"按图索骥"这条成语就是说只知道按照画像去寻求好马,结果当然不对了,比喻按照线索寻找,也比喻办事机械、死板。

辽东白豕

liáo dōng bái shǐ

——出自《后汉书·朱福传》

东汉时,大将朱福征讨一个叛军首领,他给那首领写了一封信,信里边对这叛军首领说:"你夸耀自己立过多少功劳,又说皇帝待你却颇为刻薄,我认为你自己的这种夸耀,犹如辽东白豕。"此话是什么意思呢?

古代辽东一带,农民喂养的猪只有一个品种,都是黑色的,辽东人从没见过白色的猪。有一天,一个村子里边有一只老母猪,怀了仔,要生了。这村里有一个规矩,谁家的猪要生仔,大家伙都要来围着看,都要帮忙。这头怀孕的老母猪,一胎生了八个小猪仔,第七个小猪生完后,最后一个小猪仔一出来,大家都惊讶万分,因为这个小猪仔是白脑瓜,黑身子,大家从没见过,都说这可能不是猪,而是上天赐予的非常珍贵的东西,于是马上把村子的里正找来了,里正来了一看,也很震动,马上逐级上报,县里的官员来一看,也说这猪可能是吉祥的征兆,应该把它给皇上送去。

这小猪仔长硬实之后,生小猪的这家农民主人准备把它送给皇上,他给这个小猪做了一件小裤袄穿上,又弄了一个小背兜,他背着小猪,喂猪的饲料也都在身上带着,步行直奔京都,从辽东奔京都得路过山西,当他走到山西境界,发现山西农村里边喂的猪,不单单有黑白两色的,还有纯白的呢,他一下子泄了气,觉得自己这个猪没什么新鲜,不是什么宝物,更不是什么吉祥征兆。就背着这小猪回村了。村里人问他:"你怎么就回来了?"他说:"这猪没什么新鲜的,山西那个地方,遍地全是白猪,人家都没往皇上那儿献,咱们这献什么

古话成语

啊？"这么一来呢，就留下了这句成语，叫"辽东白豕"，即辽东出的白色的猪。

朱福在信里跟叛军首领说的"辽东白豕"这句话，就是说你认为你自己功劳大，好像辽东人把白豕当宝贝，是只知其一，不知其二，或者叫做少见多怪。后来，"辽东白豕"就比喻少见多怪。

暮夜无知
mù yè wú zhī

——出自《后汉书·杨震传》

杨震是汉朝的一位名臣，后来官至太尉，为官清正廉明，洁身自好，从来不贪污受贿。

有一次他路经昌邑。昌邑的县令叫王密，王密很早的时候就认识杨震，又正是杨震推荐他当的官，所以他称呼杨震为恩师。王密想好好感谢一下杨震，决定送上一份重礼。大家都拜访杨震的时候，王密没来，等到了晚上大家都走了，王密这才来了，还带着十斤黄金。他跟杨震说："您是我的老恩师，又是我的老上司，我一直想拜见您却没有机会，这次您上任路经此地，真是天赐良机，太不容易了。我今天到这来看看您，没有别的意思，我给您带了点东西，请您笑纳。"说着把包就递过来了，杨震当时脸就沉下来了，他瞧了瞧王密，问："这是你送给我的？"

"对，老恩师，这是我送您的。"

杨震厉声说："我们两个交往这么多年了，看来，你还不了解我啊，你给我送这些东西是什么意思？"

"我为什么这个时候来见老师，您知道吗？这个时候来，是暮夜无知者。我到这里来，谁也没看着，您把礼收下了，只有我们俩知道，别人不知道的。"

杨震心里边更不高兴了，硬让王密把这十斤黄金拿回去了，由此可见，杨震这个人的清廉。

后来汉安帝给他的奶妈修建宅地，大兴土木，乱花国家的金钱。杨震便给皇帝上奏本说不应该这样，而应该注意节约，皇帝看了很不高兴，加上旁边有很多的奸臣佞臣在皇帝跟前说杨震的坏话，皇帝就把杨震削职为民了。

杨震带着全家人离开洛阳的时候，走到了夕阳亭，他在这个地方摆上酒，对他的子女们说："人都不免一死。如果说我死后有什么遗憾的话，那就是我未能把这些奸臣都斩尽了。"他又接着跟子女们说："我死之后，你们不要给我发大殡，也不要给我买好棺材，用杂木给我钉一个棺材就可以了，也不要把我隆重下葬，扔在道旁边就可以了。"

说完这一番话，杨震服药自杀身亡。杨震死了之后，他的子女们遵照他的遗嘱，给他弄了一个硬杂木钉的棺材，还把棺材就停在了大路旁。后来新皇帝登基，给杨震平反，恢复了他的名誉，又对他的子女加以厚封。

成语"暮夜无知"，就出自杨震的故事，原指夜里做的事情，没有人知道。后人用来比喻暗中贿赂。

南山可移，判不可移
nán shān kě yí， pàn bù kě yí
——出自《旧唐书·李元纮传》

唐朝的李元纮曾经担任邕州的司户，他为官清正，刚直不阿。有一天，有一个和尚来告状，李元纮问他："您想告谁呢？"和尚回答说："有一伙强徒跑到我们寺院里，把寺院里的碾磨给抢走了。"李元纮觉得这件事很新鲜，

大话成语

抢什么不好，怎么抢起碾磨来了？他继续问和尚："你知道他们是哪来的？"

"据说是太平公主手下的人。"李元纮一听更惊疑了，太平公主是武则天的女儿，没人惹得起，再说公主手下的人怎么会跑到和尚庙里抢碾子呢。但是李元纮是地方官，应该秉公执法，于是李元纮下令把抢碾子的人给抓来，一道命令下去，果真把这几个人给抓来了，李元纮就问："你们为什么要抢寺院里面的碾磨？"

这几个人满不在乎地说："你是什么官啊？"

"我是司户。"

"好啊，你是司户，官不大，告诉你吧，我们是奉了太平公主的旨意，到庙里来要他这碾子。"

"你们要这个碾子有什么用呢？"

"你不知道了吧。我们早听说了，这个碾子是这座寺庙里开庙的祖师亲自凿的，据说这个碾子压出来的粮食，人吃了不会得病，所以我们要把它拿走。"

"强抢人家东西？！你们犯法了，知道吗？"

"我们还没听说。"

李元纮一拍桌子，"大胆！没听说过？今天就让你们听说一下，来，把他们都给我拘押起来！"两旁皂隶过来，把这几个人都押起来了，同时李元纮还下命令，让把抢来的碾子归还给寺庙。

这个时候，邕州的户部常使窦怀贞正在外地，听说了这件事，吓得骑着快马跑回来了。窦怀贞心想，李元纮你好大胆子，敢得罪太平公主？而窦怀贞最近正在拍太平公主马屁，准备让自己的官位再往上爬一爬，所以他就马上回来召见李元纮。

李元纮把具体情况跟他说了一遍，窦怀贞说："这是太平公主手下人办的，你知道吗？"

李元纮回答说："我知道，但王子犯法，与庶民同罪。"

窦怀贞却畏惧太平公主的权势，对李元纮狠狠地说："你快点给我改判。"

李元纮把判纸拿过来,又提起笔,在叛纸后面写上八个大字,"南山可移,判不可移。"就是说终南山也许还能够移动,但这个判决绝对不可改动。意思是表示铁案已定,终无改变。

牝牡骊黄
pìn mǔ lí huáng

——出自《列子·说符》

战国秦穆公在位的时候,伯乐为秦穆公相过很多千里马。伯乐岁数渐渐大了,秦穆公问伯乐:"你这个相马的技术,可有传人吗?你的子女能不能来帮我相马呢?"

伯乐回答:"我的子女不会相马,但我有一个好朋友,叫九方皋,比我年轻。我不妨把他推荐给您,让他给您相马。"秦穆公说:"好啊,那你就把你的朋友领来见见吧。"于是伯乐把九方皋找来见秦穆公,秦穆公对九方皋待如上宾,他跟九方皋说:"伯乐推荐你给我相马,我想让你找一匹千里马来,你能行吗?"九方皋答应了下来,"好啊,但是您得容我一段时间,给我派几个人。"秦穆公就派了几个人给他调用。

九方皋带着这几个人走了,三个月之后才回来,九方皋朝见秦穆公,说:"大王,我已经把千里马给您找来了。"秦穆公问:"这千里马现在何处?""就在城旁边的一处沙丘旁的一棵树上拴着呢,跟随我的那几个人正在看守这千里马。""是一匹什么样的马呢?什么颜色的?""是一匹黄色的母马。"

于是秦穆公带领了一帮朝臣跟着九方皋到了城外沙丘附近,一看果然树上拴了一匹马,秦穆公走上前仔细观察,发现是匹黑色的公马。

秦穆公心想,伯乐怎么找这么一位给我相马啊?他连马的公母、颜色都分不出来!但当时秦穆公没说什么,只是点了点头,把九方皋打发走了,却马上命人把伯乐找来,伯乐来了之后,秦穆公一个劲地埋怨他推荐的九方皋能力不行。

伯乐来到这匹马的跟前仔细一瞧,果真是一匹千里马,他向秦穆公说:"大王,九方皋相马,已经达到一个非常高

的境界了。他要给您找的是千里马，注意的是马的风骨品性，并不关心它是公马还是母马，也不关心它是黄的还是黑的，见其所见，不见其所不见，这就是他相马的原则，只有这样的相马者，才达到了真正的至高境界。这匹马是千里马，绝对没错的。"

"骊"是黑色，"黄"就是黄色，"牝牡"就是公母。这条成语的本意是相骏马不重其外表形象，引申为看人看事，要看其本质，不要看表象。

茕茕孑立
qióng qióng jié lì

——出自西晋·李密《陈情表》

晋武帝司马炎建立了西晋王朝，他总想把社会上的名流都搜集到自己的手下，所以就给当时的名士李密颁了一道诏书，准备委以重任，让他当太子洗马。晋朝时候，太子洗马主要为太子管理图书，此外还有教育太子的任务，应该说这个职位是很重要的。

李密当时正在家里伺候患病垂危的祖母，于是写了一道《陈情表》给晋武帝司马炎。在《陈情表》里，李密先是向司马炎讲述了自己悲苦的身世，他说："我出生6个月后父亲就死了，4岁的时候，母亲改嫁，我的祖母历尽艰辛把我拉扯着长大成人，我没有叔叔，没有伯父，也没有兄弟姐妹。我结婚比较晚，得子也比较晚，家里边没有近亲，也没有同族，出来进去都是孤零零一个人，茕茕孑立，形影相吊。""茕茕"就是孤独的样子，"孑"是孤单的意思，"茕茕孑立，形影相吊"就是说自己孤身一人，只有和自己的身影相致慰问。

李密接着讲述自己的为难处境，

"我的祖母已经垂危病榻,她今年96岁了。我知道朝廷很看重我,曾经让我当孝廉,又让我当郎中,现在皇帝您又让我做太子冼马。但是我的祖母把我从小拉扯长大,我不能不侍奉我的祖母,自古忠孝不能两全,我现在44岁,为国尽忠的时间还很长,但我的祖母疾病垂危,恐怕我为祖母尽孝的时间已经很短了。"李密恳请司马炎体谅自己的苦衷。

李密的《陈情表》写得情真意切,晋武帝司马炎看了很感动,还派了两个女仆去帮他侍奉老祖母。

"茕茕孑立"后来就用来形容无依无靠,非常孤单。

胶柱鼓瑟　纸上谈兵
jiāo zhù gǔ sè　　zhǐ shàng tán bīng

——出自《史记·廉颇蔺相如列传》

这次说的"胶柱鼓瑟"和"纸上谈兵"出自同一个故事。

战国时期,赵国有一位军事家叫赵奢,还有一位老将军叫廉颇,由于赵国有这两员名将,所以别的国家都不敢欺负赵国。赵奢一辈子打了很多仗,有很丰富的指挥经验,他把自己的军事理论总结出来写了一本书。赵奢有个儿子,叫赵括,赵括有他父亲的遗风,从小也喜欢读兵书,长大以后对很多兵书是烂熟于胸,特别是对他父亲写的军事著作,都能背诵下来。每次谈起军事,

大话成语

赵括总是口若悬河，滔滔不绝，这么一来，大家都说赵括将来必定跟他父亲一样，肯定是员名将。但是赵奢却对他儿子说："你可不要光在嘴上讲军事理论，而更需要到前线打仗去，要从实践里边得到经验，你才能成为一个真正的军事家，才会成为一个指挥者。"赵括很不以为然，觉得自己在军事理论上已经与他父亲不相上下了。

后来赵奢死了。赵奢一死，秦国大将白起带领人马，兵犯赵国。老将军廉颇带着赵军迎战，在长平一带摆开了战线。廉颇知道赵国是小国，秦国是大国，赵国的人少，秦国的人多，所以他决定以逸待劳，不主动出击，也不与秦军硬拼，只采取守势。因为从补给上来看，秦军远道而来，供给线长，赵国的人马离自己国家很近，供给线短，所以时间一长，秦军肯定耗不过赵军。

廉颇老不出兵，秦将白起心里焦急，想了一个办法，派间谍到赵国散布谣言，说廉颇老了，不敢跟秦国交战，用不了几天，秦军就要打过去了。但是赵国千万可别派赵括来，他要来了，秦国就会退兵。赵王听到谣言，马上招来赵括，两人一见面，赵王就被赵括的滔滔不绝的军事理论给折服了，他就准备派赵括去替回廉颇。

赵王要做这个决定的时候，曾经去问大臣蔺相如的意见，蔺相如当时体弱多病，卧在病榻之上，蔺相如说："陛下，赵括虽然深知军事，但他犹如胶柱鼓瑟。"瑟是古代的一种乐器，柱是瑟上调节声音高低的短木，假如柱被黏住了，就不能变换调子，瑟的声音就不会好听，也就弹不出好曲子来。蔺相如的意思是说赵括只知道死读兵书，不会根据实际情况灵活运用。

赵王没有听从蔺相如的忠告，坚持要派赵括出征。这时赵括的母亲给赵王写了一封信，说："您要派赵括到前线上去，可能您是听了他讲了些军事理论后的选择。我的丈夫生前就曾经跟我讲过，赵括这个孩子说的比做的多得多，他是纸上谈兵，他看书确实很多，在纸上谈

兵法,谈得很明白,实际一运作,未必就能行,请陛下千万不要派他去。"可是赵王看完这封信并没听赵括母亲的意见。最后赵括母亲亲自来找赵王,说:"陛下,如果您真派我儿子上前线,我儿子到前线去打了败仗,您责怪下来,可别让我们大家都跟着受连累。"赵王回答说:"您放心,他要是败了,我也不怪罪你们。"赵括的母亲这才安心回家。

不久赵括登台拜将,领着队伍出征,把廉颇给替换回来了。赵括一到前线,就改变廉颇的策略,向秦军主动出击。白起非常高兴,佯装失败,赵括果然指挥队伍追击,白起便兵分两路,不仅阻断了赵括的援军,也切断了他的供给线。赵括被困,什么军事理论、书本上的战术,现在全不灵了。赵括没办法,亲自带着手下人准备突围。白起早已在道路两旁埋伏下弓箭手,当赵括突围的时候,乱箭齐发,赵括也被射死了。赵括一死,赵国的40万人马,全部被俘,秦将白起就把这40万人全体坑杀。这一战赵国大败,秦军大胜,把赵国的都城都围了,幸亏当时有两个邻国帮忙,这才破解重围。赵王很后悔,知道自己用错人了,但已经有言在先,所以没有诛灭赵括全家,反而赏赐了赵括母亲。

"胶柱鼓瑟"这条成语即来自当时蔺相如对赵括的评价,比喻固执拘泥,不知变通。而"纸上谈兵"指在纸面上谈论打仗,比喻空谈理论,不能解决实际问题,也比喻空谈不能成为现实。

围魏救赵 孙庞斗智
wéi wèi jiù zhào sūn páng dòu zhì

——出自《史记·孙子吴起列传》

"围魏救赵"和"孙庞斗智"都来源于一个故事。战国年间的鬼谷子,是有名的饱学之士,他教了两个徒弟,一个叫孙膑,一个叫庞涓。孙膑是齐国人,庞涓是魏国人。两个徒弟都很聪明,但是性格不一样,孙膑聪明正直,为人正派,庞涓也聪明,但是奸诈,嫉妒心强。

这两个学生跟着鬼谷子学军事兵法,学到一定程度,庞涓就想出去开创一番事业。他听说魏国在张榜招贤,就去应招,庞涓临走的时候跟孙膑说:"你继续跟老师学,将来把学到的新东西告诉我。"庞涓很快在魏国当了大将军,还被招了驸马,但是庞涓心想,孙膑跟着鬼谷子肯定又学了许多东西,我得想办法把他接出来教我。于是庞涓暗地里派人把孙膑接出来,但是他又转念一想,"孙膑头脑比我聪明,他要是到别的国家就是我的劲敌,如果在我的国家待长了,也会比我强。"庞涓最后想了一个办法,在魏王跟前说孙膑的坏话,污蔑孙膑是齐国派到魏国的间谍,魏王立即降旨要杀孙膑。但是庞涓又想,如果现在把孙膑杀了,那就学不到孙膑跟鬼谷子后来学的东西了,看来还得留着他。所以庞涓在魏王跟前假装求情,于是孙膑被施以刖刑,剜掉了膝盖骨,成了残废。

庞涓府里有个人知道内幕,就都告诉了孙膑。孙膑心里别提多难受了,他没想到师兄会这样狠心对待他,更担心庞涓还会对他下毒手。于是孙膑决定装疯,整天胡说八道,往大街上爬,又在垃圾堆里捡东西吃。

就在这个时候,鬼谷子的好朋友秦谷里来到了魏国,秦谷里看出孙膑不是真疯,就秘密地联系了他,了解了孙膑的遭遇后,便来到齐国向齐王推荐孙膑。齐王就派了一个使臣,假装出使魏国,当回国的时候,秦谷里和齐国的使臣偷偷把孙膑装到车里,又把孙膑从魏国带了出来。回到齐国后,齐王很快发现孙膑是难得的人才,非常敬重他。

恰恰这时,魏国兴兵攻打赵国,赵国向齐国求助,齐王想让孙膑做大将,率军出征。孙膑极力推辞说:"我是个残废人,不能带队,还是让田忌将军去,我可以给他做军师。"于是齐王就让他做田忌的军师,行军时坐在有篷帐的车里,协助田忌作战。

田忌想直接去解救赵国,孙膑却不支持,他说:"庞涓正带着魏军攻打赵国,肯定是精兵良将全部出动,魏国的都城就空虚了,我们与其到赵国去解围,还不如去攻打魏国的首都,庞涓必定回师相救,一旦回师,赵国的围自然就解了。"田忌便带着队伍去攻打魏国的首都大梁,庞涓在前线得到消息,只好撤军回救自己国家的首都,"围魏救

赵"就是指围住魏国,救了赵国,就是指用此方而牵动另一方。等庞涓回到魏国大梁,齐军也早已回国。庞涓心里非常气愤,恨不能把孙膑给杀了。

又过了几年,庞涓带着魏军攻打韩国。齐国还是以田忌为统帅,以孙膑为军师,又攻击魏国首都大梁去了。庞涓有了前一次的经验教训,急忙带着队伍回师,这次齐军还在魏国的国土之内行进,庞涓于是带着重兵随后追赶。孙膑便跟田忌商量,说:"庞涓这个人很狂妄,他总觉得我们齐国的军队很怯懦、不堪一击,我们就要摆出一副怯懦的样子引他上钩。我们行军每天都要埋灶做饭,庞涓会根据灶的数量推断我们的兵力情况,我们第一天可以设十万人吃的灶,第二天我们就设五万人吃的灶,第三天我们就设三万人吃的灶。他查点我们的灶数,就会断定我们队伍人数是越来越少,这样就可以吸引他紧紧追赶。"田忌于是按照孙膑的计谋做了。

庞涓果然中计,为了要抓住孙膑,他亲自带领着骑兵提前追赶。齐军到了马陵道地方,孙膑把一棵大树上的树皮刮下来,在上面写道:"庞涓死于此处。"然后,又让一万名弓弩手埋伏在道两侧的山崖之上,孙膑估算庞涓会在傍晚或者深夜之前赶到,当他看到这棵树上有字,肯定会到跟前来细看。孙膑便告诉齐军将士,只要看见火把聚到树前,就乱箭齐发。

果然没出孙膑所料,庞涓随后就追到了马陵道。他发现大树上似乎写着什么,便带领手下打着火把来到树前看。这时山两旁弓弩齐发,庞涓周围的人,死的死,伤的伤,庞涓身上也身中了数箭,这时他远远看见孙膑坐着轮车,在山坡上向他招手,庞涓当场气得拔出宝剑自刎而死。

"围魏救赵"这条成语即来自上面的故事,原指战国时齐军用围攻魏国的方法,迫使魏国撤回攻赵部队而使赵国得救。后来指袭击敌人后方的据点以迫使进攻之敌撤退的战术。

"孙庞斗智"原指孙膑、庞涓各以智谋争斗。比喻昔日友人今为仇敌,各逞计谋生死搏斗。也比喻双方用计较量高下。

入幕之宾
rù mù zhī bīn
——出自《晋书·郗超传》

晋朝有个叫桓温的人,他小的时候,别人就觉得他与众不同。后来长大了,桓温以武力建功,为晋朝立下了汗马功劳。他的官也越做越大,开始被封为安西大将军,后来被封为大司马,桓温的野心也变大了,竟想着"窥窃神器"。所谓神器,是指代表国家政权的实物,如玉玺、宝鼎之类,借指帝位、政权等,"窥窃神器"就是说桓温想篡位称帝。桓温求皇帝要给自己封加九锡,封加九锡是汉朝以来,皇帝对大臣最高的一种赏赐。所谓九锡,就是九项皇帝的特赐用品,汉朝以来,只有王莽、曹操和司马昭受过这种待遇。王莽和司马昭,在被封加九锡之后,都篡夺了皇位,分别建立了新朝和晋朝。曹操虽然没有篡位,但也是"挟天子以令诸侯",而他的儿子曹丕后来还是篡了汉天子的皇位。

桓温一提封加九锡的要求,有的大臣就议论说:"封加完了九锡是不是桓温就想要篡权了?"朝中的吏部尚书谢安、中书令王坦之两人看透了桓温的用意,便在皇上的面前极力阻拦为桓温封加九锡。桓温提出这个要求之后,没多久打了个败仗,损失了三万多人,也就不好意思再提封加九锡的事情。但是桓温篡位之心仍在,他掌握着很大的权力,甚至在朝廷中是"顺之者昌,逆之者亡",但是桓温发现,谢安和王坦之两人跟他未必一心。桓温就找来自己的谋士郗超,

郗超此人很有学问和主见，桓温遇到什么事都跟他商量。桓温说："我明天请谢安和王坦之上府里来喝茶，我跟他们闲聊，你躺在垂幕后面的床上，听我跟他们的对话，分析一下他们跟我是不是一条心，要是一条心，可以归顺到我们这边，我们就重用他们，否则，将来我一定要想办法把他们除掉。"郗超答应了。

第二天，桓温派人去请谢安和王坦之来。两人开始的意见不一样，王坦之想得多，说："咱们别去了，他家里是龙潭虎穴，弄不好咱们俩就不能活着回来了。"谢安说："怕什么，我们行得端，坐得正，他能把我们两个怎么着？"于是两个人还是过来了。

桓温跟他们一边喝茶，一边聊天。就在谈论的过程当中，偏巧窗户外吹进来很大一阵风，把垂着的幔帐给吹起来了，把正在后面偷听的郗超也给暴露出来。谢安笑着说："这里还有一个'入幕之宾'呢。"这句话说的很幽默，而且还一语双关，因为郗超字嘉宾。郗超当时很尴尬，桓温也很尴尬。

"入幕之宾"这句成语，就此流传下来，比喻关系亲近的人或参与机密的人。

请君入瓮
qǐng jūn rù wèng

——出自《资治通鉴·唐纪》

女皇武则天在位的时候，手下有两名酷吏：周兴和来俊臣，这两个人研究出很多的酷刑，也迫害了不少的大臣。

后来，将军丘神勣造反，虽然很快被平定，但是有人向武则天密告周兴伙同丘神勣一起谋反。武则天一听，当时就来气了，心想我那么相信你周兴，你还参与谋反？于是武则天把来俊臣找来，说："你给我把周兴参与谋反的事情问清楚吧。"

来俊臣于是把周兴请到自己的府里吃饭喝酒，酒桌上，来俊臣端着酒杯问周兴："周兄，大家都说你问案有方，而且研究出来很多新式刑具。请问，假如我要是问讯一个人，他本

大话成语

来有反叛之罪，但他说什么也不招，这得怎么办？"周兴一听，便得意地说："这好办。我最近又研制出一种刑具，用一个大瓮，周围支上炭火烧烤，让被问讯的人钻进瓮里，炭火把这个瓮都烤透、烤红了，你说他还有什么话不招啊？"

来俊臣一听，马上吩咐手下人弄来一个大瓮，在周围点上炭火。来俊臣站起来，对周兴说："周兄，请君入瓮。"周兴当时就傻了。来俊臣说："有人告你谋反，我现在是奉旨审案，如果你不老老实实供认的话，那我只好请你进这个大瓮了！"

周兴当时就跪地上了，满脑袋都是汗，一个劲叩头认罪。武则天对他还不错，只给他判了个充军发配的罪。但是由于他过去审案时结下的仇家太多，走到半道上时，就被仇人杀死了。"请君入瓮"这条成语就出自这里，比喻用某人整治别人的办法来整治他自己。

两虎相斗　负荆请罪　刎颈之交
liǎng hǔ xiāng dòu　fù jīng qǐng zuì　wěn jǐng zhī jiāo

——出自《史记·廉颇蔺相如列传》

这次说的"两虎相斗"、"负荆请罪"、"刎颈之交"这三条成语都是出自同一个故事。

战国时，秦王让赵王到渑池相会，要借着渑池会给赵国点颜色看看，上大夫蔺相如陪赵王同去渑池，赵国已经预料到秦王居心叵测，临走的时候，蔺相如安排老将廉颇带着部队在秦赵边境上等着迎接赵王回来，同时他也想到，此次去渑池有可能是有去无回。赵王跟廉颇说："你先守住赵国的边界，如果我们30天内不回来，那你就立太子为君。"廉颇领了赵王的旨意,率大军在边境等候。

赵王和蔺相如带着随从人员到了渑池与秦王共宴。席间,秦王摆出了一副居高临下的样子,言语之间对赵王颇有讥讽。

酒到中巡,秦王对赵王说:"早就听说你深知音律,善鼓琴瑟,不妨在此弹奏一曲以助酒兴。"赵王不敢推辞,只得勉强弹奏了一曲。这时,秦国的史官走了过来,在竹简上写道:某年某月某日在渑池,秦赵相会,赵王为秦王鼓瑟。

上大夫蔺相如在旁边看见了,认为这是当面侮辱赵国,所以蔺相如拿起了一个缶,也就是瓦盆,来到秦王面前,说:"大王,我国国王为您鼓瑟,我想请秦王来击缶,如何?"秦王听了勃然大怒,不肯答应。蔺相如又端起缶来,献给秦王,秦王还是不肯敲。蔺相如当时脸色就沉下来,说:"现在我离大王只有五步,如果大王不答应,我拼着一死,也要溅你一身血。"秦王的侍卫看到秦王受到胁迫,慌忙拔出刀来,要杀蔺相如。秦王对蔺相如真有点发憷,他一摆手,让侍卫退下,勉强在缶上敲了几下。蔺相如转身把赵国的史官叫过来,也记上:某年某月某日秦王为赵王击缶。写完之后,秦王没再敢对赵王有什么轻慢之举。

就这样,赵国的国君平平安安地参加完了渑池会回来。赵王对蔺相如在渑池会上的表现甚为感激,认为他在渑池会上维护了赵国的尊严,便把蔺相如由上大夫晋升为上卿。上卿相当于宰相级别,这么一来,蔺相如的职位比廉颇还高。

廉颇心里不服,想找机会当面给蔺相如难堪。于是上朝的时候,廉颇站在路上等着蔺相如,蔺相如知道廉颇要找他,就托病不上朝。廉颇得意地说:"上朝的时候我专门等着蔺相如,他都没敢来。"蔺相如手底下的门客们就觉得蔺相如太窝囊,跟蔺相如说:"您既然这么软弱,那我们可就走了,我们在您这儿丢不起人。"蔺相如说:"诸位且慢,我在渑池会上尚不惧

古话成语

秦王,难道还会怕廉颇吗?"大伙儿说:"既然您不怕廉颇,那为什么吓得托病不敢上朝?"蔺相如心平气和地说:"秦王不敢攻打赵国,因为赵国文有我蔺相如,武有老将廉颇,我们就好像两只老虎,如果两虎相斗,结果是不免有一只要受伤,甚至会死掉。这就给了秦国进攻赵国的好机会,从这点来讲,我先考虑国家利益,而后才想到私人恩怨。"

蔺相如的这番话传到了廉颇的耳朵里。廉颇非常后悔自己当初的行为,于是把上衣脱掉,光着膀子背着荆条,直奔蔺相如家。蔺相如赶忙出来迎接廉颇,廉颇跪下来,双手捧着荆条,请蔺相如鞭打自己。蔺相如把荆条扔在地上,双手扶起廉颇,给他穿好衣服,又拉着他的手请他坐下,两个人倾诉内心,成了"刎颈之交","刎颈"就是可以为对方割脖子的意思,也就是成了极要好的朋友。

上面的这个故事里,包含了三条成语:一是"两虎相斗",指两只老虎相互争斗,比喻力量强大的双方相搏斗;再一个是"负荆请罪",意思是背着荆条,表示服罪,向当事人请罪,形容主动向人认错、道歉,自请严厉责罚;最后一个是"刎颈之交",比喻可以同生死、共患难的朋友。

户限为穿
hù xiàn wéi chuān
——出自唐·张彦远《法书要录》

南北朝时期,有一位名僧,叫智永,是大书法家王羲之的后代,写得一笔好书法。智永和尚非常勤奋,苦练书法,30年里天天写、日日练,光练废的毛笔，就有几大瓮，最后智永把所有的废笔都埋在土里，砌成坟冢，人们称之为退笔冢。

有一回智永写了八百份《千字文》，写得非常精彩。直到今天，智永的《千文字》还被视为现代人学习书法的范本，他把这八百份《千字文》分给当时的各个寺院，每个寺院一份。

智永当时住在浙江永欣寺，由于《千字文》的散发，使得无人不知智永，向他求字的人可就多了。智永是出家人，善念为本，有求必应，谁来都给谁写，所以他住的禅房，天天都人来人往。原来永欣寺的香火不太旺盛，智永一住进来之后，就简直成庙会了。智永居住的禅房，有一道门槛，也叫做"户限"，这门槛比较高，在外边等着写字的人站着排队，有的脚蹬着门槛，有的往里走的时候，不小心踢到门槛上。时间长了，门槛就被踏穿了，不得不用铁皮把它裹起来。

这就是"户限为穿"这条成语的来历，意思是说连门槛都踩破了，形容进出的人很多。

侯门如海
hóu mén rú hǎi
——出自唐·范摅《云溪友议》

唐朝有一个读书人，叫崔郊。由于家境贫寒，父母早亡，最后没有立足读书的地方，只好投靠他姑母。他姑母家里有一个丫鬟，长得非常漂亮，崔郊跟她一接触，发现她非常聪慧温柔，并且擅长音乐。时间一长，两人之间就产生了感情。封建社会，男女之间的爱情是绝对保密的，崔郊也不好随便跟姑母说，他的姑母只想让他好好念书，求取功名，为了供他念书，最后没经崔郊同意，姑母就把丫鬟卖到了一个官宦人家，崔郊得知后非常痛苦。

第二年的清明节，人们都出外踏青。崔郊也想散散心，便来到了郊外，忽然看见远处一群人过来，人群中就有那个丫鬟。丫鬟无意中也发现了崔郊，可是自己身后跟着很多公子王孙，不好直接交流，于是驻足在一棵大树之下，与崔郊四目相望，泪流满面，崔郊的目光里也是千言万语，此时此刻两个人是"心有灵犀一点通"。丫鬟想找机会与崔郊当面诉说离别后的思念之情，但当她刚要走过来的时候，那些公子王孙们催促着，带她离开了。崔郊心中失落之极，他回家后，在郊外和丫鬟相见的那一幕一直在他脑海中萦系，便提笔写了一首诗："公子王孙逐后尘，绿珠垂泪湿罗巾。一入侯门深似海，从此萧郎是路人。"这首诗里引用了西晋的一个典故，萧郎原是当时美女绿珠的情人，后来绿珠进了石崇府，两人再也没有见面。崔郊在诗里把女仆比作绿珠，把自己比作了萧郎。

后来，丫鬟的主人看到了这首诗，很受感动，让人把崔郊找来，见到崔郊后马上握住他的手说："'侯门一入深如海，从此萧郎是路人。'这是你的大作吗？"最后这家主人很通情达理，便让丫鬟跟崔郊一起回去了，有情人得以团圆。

"侯门如海"比喻旧时相识的人，后因地位悬殊而疏远隔绝。

蕉鹿之梦
jiāo lù zhī mèng

——出自《列子·周穆王》

古代有一个樵夫，有天到山上打柴，忽然发现跑来了一只受伤的梅花鹿，一瘸一拐的。樵夫很高兴，拿起扁担把鹿打死了。樵夫又想，我不能马上把它拉走，还得接着打柴呢，所以他就把死鹿拉到一个山沟里，用芭蕉叶子把鹿盖上了，上面又弄了一些乱草。然后接着去打柴了。

打完柴，天也快黑了，樵夫到山沟里边找死鹿，准备带回家去。找来找去，却始终没有找到，他开始怀疑自己的记忆力，他想："不会是我只做了这样一个梦吧。"眼看天快黑了，只好挑着柴往山下走，一边走嘴里还一直唠叨，"不像梦啊，是真的，怎么就找不着了呢？"正说着就碰上本村的一个邻居。邻居问他："你唠叨什么呢？"

樵夫说："我上山打柴的时候，发现有一只瘸鹿，我用扁担把它打死了，然后，我把鹿藏山沟里了，拿芭蕉叶盖上，上面还盖了些草，但是我打完柴后再去找怎么都找不到了，我就想，我是不是大白天做了一个梦，到底怎么回事啊？"他邻居就笑笑，说："那谁知道啊。"

樵夫下山以后，邻居却上了山，他

大话成语

顺着樵夫说的山沟去找鹿,其实是有两条差不多的山沟,樵夫找的是另一条,邻居反而找到了。

邻居回去之后,樵夫又做了个梦,梦见邻居把鹿拿去了。两人最后为此上公堂打官司,把鹿给平分了。

这就是"蕉鹿之梦"这条成语的来历,比喻糊里糊涂,自己欺骗自己。

黄粱美梦
huáng liáng měi mèng

——出自唐·沈既济《枕中记》

唐玄宗开元年间,有个姓卢的书生,苦读诗书,想求取功名,却屡试不中,最后穷困潦倒,心情非常不好。有一次卢生到邯郸去拜访一个朋友,到了邯郸后住在一家客店里,同时住店的还有一位姓吕的道长,书生觉得吕道长不同凡响,就跟他抱怨说:"我这个人啊,太倒霉了,一辈子什么好事也没摊上。我是个读书人,可到现在连功名也没考上,您给我算算,我这辈子要倒霉到什么时候?什么时候才能转运?"

吕道长一听就笑了,说:"我问你,你想要什么?"

卢生回答说:"读书人十年寒窗苦,只求有朝一日金榜题名,能够为国为民出力报效,我最想能紫袍金带,站立朝堂。"

吕道长说:"这个好办。"说话间,便从行李中取出一个枕头来,把枕头往床上一放,"你枕着这个枕头睡一下,你想要的就都来了。"书生觉得吕道长挺神奇的,就答应了。

书生准备睡觉,店老板却正在做黄粱米饭,所谓黄粱米,一种说法认为是黏米饭,另一种说法认为是古代的一种米,比一般的小米粒大,又叫竹根黄,煮出来的饭特别香,但是因为产量很低,后来就没有了。书生跟掌柜的说:"掌柜的,饭熟的时候你叫醒我啊。""您睡吧,我饭熟的时候叫你,来得及,早着呢。"

书生躺下一会儿的工夫,就睡着了,然后开始做梦,先是梦见自己跟清河郡最漂亮的一个姑娘结了婚。结婚之后,两人走在大街上,路上的行人都对他投来羡慕的目光,卢生心里非常满足。妻子为他生了五个孩子,都是男孩。卢生又去赶考,中了进士,还在金殿上拜见了皇帝,皇帝夸他字写得特别好,而且让书生做官,做到节度使后,又调进朝中当御史大夫,最后位及宰相。而他的五个儿子,都娶了妻,又都生了孙子、孙女,家里一大帮孩子,书生觉得自己到了七十多岁,应该退休了,皇帝却再三挽留,于是又一直干到八十多岁。有天在院子里边,卢生跟着孙子孙女们一起玩耍,其中有一个小孙子捋他的胡子,捋着捋着,一不小心把一根胡子给拔了下来。卢生觉得一疼,就醒过来了,发现自己还在硬板床上躺着,再往旁边看,黄粱米饭还没熟呢。

吕道士在他旁边坐着,对他说:"怎么样?是不是你想要的都来了?"卢生想想几十年的荣华富贵,竟是短暂的一梦,非常惊异。吕道士笑道:"人生其实就是这样!"

"黄粱美梦"即来源于此,意思是黄米饭尚未蒸熟,一场好梦已经做醒。原比喻人生虚幻,后比喻不能实现的梦想。

奇货可居
qí huò kě jū
——出自《史记·吕不韦列传》

战国后期,秦昭王在位的时候曾立安国君为太子,安国君有二十多个儿子,但是这些儿子的母亲,都不是安国君最喜欢的华阳夫人。华阳夫人长得漂亮,人品好,跟安国君脾气相投,安国君把华阳夫人定为正室,可是华阳夫人没有子女,安国君的二十多个儿子里边没有一个是她亲生的,华阳夫人也深以为憾。

大话成语

这二十多个孩子里，排行第十的是子楚，子楚的母亲叫夏姬，夏姬不得宠，死得又早。安国君对子楚很不满意，所以就把他派到赵国当人质。战国时期有个规矩，国与国之间为表示友好，常互相交换人质，以保障两国之间的政治关系。

子楚来到赵国邯郸之后，由于秦国老是攻打赵国，赵王便迁怒于他，子楚在赵国生活得很艰难。就在这个时候，大商人吕不韦来到了赵国首都邯郸，见到了子楚，对子楚产生了怜悯之情。接着，他又觉得子楚是"奇货可居"，只要处置得当，对自己会有极大的好处。所以吕不韦跟子楚一见面，就说："您知道我为什么找您吗？我想让您这个门口啊，开得再大一些。"

子楚一听就笑了，说："我知道您是有名的大商人，家财万贯。您动脑子想您自己的门口就好了，干吗想我这门口啊？"吕不韦说："您不知道啊。我想的是先让您的门口大起来，再带着我的门口也大起来。"

子楚明白了，说："愿听您的教诲。"

"在二十多个王子里头，您排行第十。现在的秦王如果死了，安国君会继位。等安国君死了之后，才轮到您这辈，但是您上边有哥哥，下边有弟弟，估计没有您的份。再者说了，您的母亲夏姬，也不是安国君所喜欢的，只冲这一条，您怎么能继承王位呢？但是我有办法。"

子楚一听就愣了，"您有什么办法？"

"我愿出重金给您，让您在赵国广交豪杰，产生社会影响。我再回秦国去，帮您打点华阳夫人，华阳夫人是安国君最喜欢的妻子，被立为正室，可她没有亲生子女，安国君的二十多个子女，谁跟她都不亲近，如果唯独您跟她亲近了，华阳夫人会把您视作亲生，您就有可能继承王位。"

子楚很激动地说："若能救我回国，日后倘若得到荣华富贵，你我共享！"

于是吕不韦拿出五百两金子给子楚，让子楚就在赵国广交朋友；另一方面，吕不韦又拿出五百两金子买了珍珠、玛瑙等贵重物品，带到秦国，通过华阳夫人的弟弟把宝物交给了华阳夫人，并让他告诉华阳夫人："子楚在赵国，谁也不惦记着，就惦记着华阳夫人您呢。"因为华阳夫人没有亲生的子女，听她弟弟说子楚在赵国如此想念着自己，很受感动。接着又一打听，原来子楚在赵国交了很多朋友，赵国上上下下都称赞子楚是人才，华阳夫人从此就把子楚认为己生的孩子了。华阳夫人跟丈夫安国君说："子楚这个孩子，真是孝顺。我看，将来你立太子的时候，不能立大的，也不能立小的，就立子楚吧。"秦昭王死后，安国君登基，就把子楚从赵国接回来，立为太子。不久安国君死了，子楚真做了秦王，子楚一登基就封吕不韦为丞相，吕不韦便从商人一跃而成为重臣。后来直到秦始皇登基，吕不韦还掌握着秦国的大权。

"奇货可居"即是当时吕不韦对当年在赵国的子楚的态度。现指把少有的货物或资源囤积起来，等待高价出售。也比喻拿某种专长或独占的东西作为资本，等待时机，以捞取名利地位。

待价而沽
dài jià ér gū
——出自《论语·子罕》

孔子有个弟子叫子贡，有一天子贡问孔子说："如果您有一块美玉，您是愿意把它放在箱子里边藏起来自己独享，还是愿意找个认识这块玉的商人，将它卖了呢？"

孔子回答说："我当然要卖了啊，如果有商人能认识这块美玉，我马上就要把它卖了。"《论语》里边原文是：

大话成语

"沽之哉，沽之哉，我待贾者也。"这意思就说，卖呀，卖呀，我正等待着商人来买呢。孔子的这句话其实也是对他自己处境的写照，他当时正在周游列国，四处宣传自己的政治思想，却没有受到基本重视，但他却一直期待有能赏识他的君主出现。

"待价而沽"这条成语即出于此，指等有好价钱才卖。比喻谁给好的待遇就替谁服务。

橘化为枳
jú huà wéi zhǐ
——出自《晏子春秋·杂下》

晏子在战国历史上是非常有名的人物，他是齐国的宰相，在外交上建立了很多功勋。他虽然个子矮小，相貌丑陋，但由于他才华过人，很多人都不敢小看他。

有一次，晏子出使楚国。楚王没让晏子从王宫大门进，而是让他走旁边的小门，以此讥讽晏婴个子矮小。当时晏子灵机一动，问楚国的臣子说："如果你们国家是人的国家，就应该走人走的门，我看你们这个小门，一般是让狗走的门，这说明我错了，我没有去人国，而是来到了狗国。"楚王听了非常尴尬，只有从正门把晏子迎接进来。

晏子到后，楚王赏赐晏子喝酒。当酒喝到尽兴的时候，楚王又安排了一件事：让楚国的两个军士，押着一个五花大绑的人从楚王面前走过。楚王故意问："抓住一个贼呀，他是哪的？"军士回答："齐国的。"

楚国的士兵把盗贼押下去之后，楚王问晏子："晏丞相，您看见了吧，刚才抓的这个盗贼，是齐国的。我早就听说齐国盗贼多，这回抓住的这个恰巧也是齐国的，是不是贵国盗贼真的特别多啊？"晏子明白这是楚王在有意贬低齐国，晏子的辩论能力特强，立即回答说："大王，您说的话不对。据我所知，生长在淮南的橘子树结出来的橘子吃起来非常甘甜，但是如果把橘子树挪到淮北种植，虽然结出来的果实也是橘子的形状，但是它就不叫橘子了，而叫枳子，又酸又涩，非常难吃。为什么在淮南叫橘子,到了淮北就叫枳子呢?为什么它在淮南甜,到了淮北就不甜,反而酸了呢?这是水土的关系啊。人也是这样的。我们齐国人很少有在本国做盗贼的,可是到了楚国就都变成盗贼了。"楚王只好向晏子陪不是,说:"我原来想取笑大夫,没想到反而被大夫取笑了。"从此以后,楚王再也不敢不尊重晏子了。

所以就留下这条成语,"橘化为枳",比喻人由于环境的影响而变坏。

开门揖盗
kāi mén yī dào

——出自《三国志·吴书·吴主传》

三国时期,东吴最早的首领孙策,绰号"小霸王",喜欢打猎。有天他带着手下人出去打猎,到了一个树林里,忽然从树林里边出来三个人,孙策心里很奇怪,因为这片树林是他官用的猎场,平常人是不准进来的。

孙策问他们:"你们三人是哪里的?"其中有一人拿着弓箭,回答说:"我们是射鹿的。"孙策说:"闲杂人等是不准来这个地方的,你们到这里来,肯定居心叵测。"另外一人说:"那您又能对我怎样?"此时孙策把箭已经搭到弓上,一箭就把为首的那人射死了。一看首领被射死,后边两人也弯弓搭箭对着孙策射过来,孙策躲闪不及,面颊上中了一箭。万万没想到,这是支毒箭。这时,孙策的随从骑兵都赶到了,将这两名刺客杀死。

原来,吴郡的太守许贡和孙策一直不合,许贡暗地里给汉献帝上奏章,说小霸王孙策刚愎自用,脾气暴躁,欲独霸江东,且拥有重兵,应该召回京师控制使用,免生后患。但是许贡没有想到,这奏章被孙策手下人截获了,孙策看后极为愤怒,便把许贡杀了。许贡手下

大话成语

有几个门客,一直为许贡抱打不平,就谋划刺杀孙策,这次,他们终于得手。

孙策中了毒箭,病势沉重,情况十分危急。他的弟弟孙权来看望他,孙策抓着孙权的手说:"你好自为之,继承东吴大业吧。"说完这句话,孙策就死了,孙权十分伤心,痛哭不止。

东吴的大臣张昭劝孙权:"主公啊,您可不能再哭了,现在,豺狼当道、奸人四起,您如果只沉溺在悲痛之中,不赶紧执掌东吴的大业,就等于是把大门打开,作着揖,把强盗请进来,现在您得顾全东吴的大局。"听了张昭的劝说,孙权止住悲伤。张昭请孙权换上衣服,扶他上马视察军队。东吴有了

新主,人心方才稳定,后来与蜀、魏形成三国鼎立的局面。

"开门揖盗"是张昭劝孙权说的一句话,意思是开门作揖请强盗进来。比喻引进坏人,招来祸患。

剖腹藏珠
pōu fù cáng zhū

——出自《资治通鉴·唐纪》

唐朝贞观年间的某天,唐太宗在金殿之上和群臣闲聊。唐太宗说:"我听说西域胡人,有的是专门贩卖珠宝的,这些珠宝商为了使珠子不被强盗抢去,或者不被官卡查出,就把肚子剖开,把珠子塞到里面,然后缝上,到家以后,把线再拆开,把珠子拿出来。这人的肚子如果老

剖开缝上,缝上又剖开,最后肯定得死了。他们光要珠子不要命,会有这种事情吗?"大臣们纷纷说确有此事。

这个时候,宰相魏征就说:"陛下,当年鲁哀公曾经问孔子,说:'我听说有一个健忘的人,有一次搬家,他的妻子也跟着搬过去了,可是他搬完了家要

出门一趟,再回来,他妻子来开门,他一看他妻子,就说你是谁啊?怎么上我家来?他妻子说我不是你老婆吗!天底下还有这么健忘的人吗?一搬家连自己的老婆都不认识了。'孔子回答说:'大王您不知道吗?还有比这更厉害的呢!夏桀、商纣这两个暴君,整天只顾骄奢淫逸、残暴无度,光想个人享乐,连自己的安危都忘了,最后,失去了民心,他们俩都被推翻了。这不就是连自己都忘了吗?这比忘了老婆的那个人更健忘啊。'陛下,孔子跟鲁哀公说的这个话,您是不是觉得也很有意思呢?"

唐太宗听了,很受启发,于是就对群臣说道:"众卿家,今后一定要各尽其责,各尽其力,一定要清廉为官,千万不能像那些胡商一样,剖腹藏珠,为了金钱而失去性命。"

"剖腹藏珠"的意思是破开肚子把珍珠藏进去。比喻为物伤身,轻重颠倒。

安步当车
ān bù dàng chē
——出自《战国策·齐策》

战国时期有一位贤士,叫颜蜀。颜蜀是饱学之士,很有才华,但他才华越高,就越清高,也不想当官,在山林里边隐居,以耕田为业。

齐宣王听说了颜蜀的才华,就降旨把颜蜀招来,想要重用他。颜蜀来到殿上,齐宣王就对颜蜀说:"颜蜀,你过来。"这句话说得太不客气了。颜蜀站着没动,冲着齐宣王说:"大王,你过来。"

这一下把两边的文武朝臣全吓着了,有的朝臣就说:"颜蜀你好大胆,敢如此怠慢大王,大王让你过去你为何不过去?"颜蜀笑了笑说:"如果我过去,别人就会说我趋炎附势,要求大王给个一官半职,如果大王来到我的跟前呢,他这就叫礼贤下士。你是愿意让我趋炎附势好呢，还是愿意让大王礼贤下士好啊？"这话还真把文武大臣给问住了。但是毕竟有能言善辩之士，一个大臣就说："那是一国之君高贵呢？还是你这样山野村夫所谓的贤士高贵？"颜蜀说："当然是贤士高贵。你没听说过吗？当年秦王进攻齐国，曾经对军士下了一道命令，说贤士柳下惠的墓地周围50步之内，所有的树木等都不准破坏，谁要是违反命令，斩首示众！秦王还下了一道命令，说谁能把齐王人头割下来，赏千金，封万户侯。从这一点上看，活着的齐王的脑袋，都不如死去的贤士柳下惠的坟墓值钱，你说是贤士高贵呢？还是国君高贵？"

另一位大臣又说："一国之君，可以把国家治理得万民称颂，可以使国家富庶繁荣。老百姓拥戴国君，国君要什么就有什么，全国的东西都是属于他的。而你不过就是一个山野村夫，说穿了就是个种地的，你不种地的话，就得去人家看门，不看门的话也要干点别的营生，从这一点上来讲，像你这样的贤士，怎么能跟国君比？"

颜蜀又笑了，说："不要小看种地的，当初的尧舜禹，都曾经耕过田，也是种地的，由于德行仁厚，才能出众，最后都成了一朝天子，后世也都称颂他

们。如果没有那样的德行和才华，而占着国君的王位，最后也要垮台，当他垮台的时候，他想种地也种不了，想看门也看不了，最后只有自取灭亡。"

这一席对话，齐宣王在上面听得非常清楚，他也觉得自己理亏，便说："算了，不要争了。这位贤士，刚才我对你有些怠慢，现在我承认错误，不过我把你请来没有别的意思，只想让您跟孤王一起共商国事。"

颜蜀说道："玉，原来产于山中，在山中它是自由的。如果一经匠人加工，就会被破坏；虽然仍然宝贵，但毕竟失去了本来的面貌。现在的我就好像是还在山野之中的那块玉，您就让我在那待着吧，您要是任用我的话，我会很难受的。"

"你若跟我在一起，每天都能吃山

珍海味，出行可以坐车，你的妻子也可以穿上最华丽的衣服。"

"大王，我现在在山林中待着也很自在。饿了吃什么都像吃肉一样香；悠闲而又慢慢地走路，就像坐车一样安稳。我何乐而不为呢？您还是放我回去吧。"

最终齐宣王没能把颜蜀留下，颜蜀又回去隐居了。而"安步当车"这条成语就出自颜蜀的话里，意思是把慢步行走当做坐车。

安贫乐道
ān pín lè dào

——出自《论语·雍也》

孔子曾经说过这样一段话："贤哉，回也！一箪食，一瓢饮，居陋巷，人不堪其忧，回也不改其乐。贤哉，回也！""回"就是指孔子的大弟子颜回，又叫颜渊，他生性甘于清贫。

"一箪食"，就是有一碗东西吃，"一瓢饮"，指有一瓢水喝，又住在很破败的地方，旁边的老百姓都为他担忧，觉得生活实在太贫穷了，但是颜回不改其乐。后来，有人就把孔子这段话总结成为"安贫乐道"。

安贫乐道是千百年来封建统治者向老百姓宣传的一种治国平天下的道理，它主张士大夫安于清贫，注重自己的修养，乐于修养自己的道德。

"安贫乐道"的意思是说安于贫穷，以坚持自己的信念为乐。这是旧时士大夫所主张的为人处世之道。

狂奴故态

kuáng nú gù tài

——出自《后汉书·严光传》

严光，字子陵，是后汉时期有名的隐士。严光小时候跟刘秀，也就是后来的汉光武帝曾经是同学，后来上太学的时候，两人一起游学，仍是好朋友。后来，刘秀当了皇帝，也没有忘记严光，派人去找严光，但找不着。严光是隐士，不愿意当官，隐姓埋名藏了起来。于是刘秀就按照他对严光的印象，找了一个画匠画了严光的像，告诉手下人按照画像去寻找严光。

手下人找了很久，最后发现有个人天天在一个大泽边钓鱼，这人跟严光的画像有点相似。刘秀赶紧派人去请，连请了三回，最后一回，总算把这人给请来了，刘秀一看，果然是严光。

刘秀因国事繁忙，先让严光住在京师军营之中，还派宫中的御厨给严光做一日三餐，可以说是待若上宾。刘秀手下有一位大司徒，叫侯霸。侯霸过去跟严光也是好朋友，他听说严光来了，就写了一封竹简，竹简上说："得知严兄您来了，很想一见，但因为公事繁忙，我先派手下人给您送封信。今天晚上，请屈尊大驾到我家来，咱们好好叙叙旧。"严光接过竹简一看，撂下了，接着他又拿过一块竹简来，扔给来人道，"我说你写"，严光不紧不慢地口述："你现在保刘秀，要以仁义待人，尽心辅国，不要趋炎附势、阿谀奉承，如果那样的话，就会腰折了、脖子断掉。"

侯霸拿着严光的回信去给刘秀看，刘秀也笑了，说："狂奴故态也"。就是说严光清高自傲，耿直的脾气一点没改，

原来什么样,现在还是什么样。后来刘秀亲自坐着车去拜访严光,严光正在床上躺着睡觉,醒了之后才起来,他对刘秀说:"我看出来了,你是好皇帝,后世百姓肯定要称颂你,不过,我不能辅佐你,我得回去接着钓鱼。"最终严光还是回老家去了,仍常常在富春江畔钓鱼,他钓鱼那个地方,后人称作子陵滩(严光字子陵)。毛泽东诗词里边有一句,"莫道昆明池水浅,观鱼胜过富春江",这里的"富春江"就是指严光钓鱼的地方。

"狂奴故态"这条成语来自当时刘秀对严光的评价,是指狂放不羁的人的老脾气。旧称狂士的老脾气。

龙蛇飞动
lóng shé fēi dòng

——出自宋·苏轼《西江月·平山堂》

宋代苏轼写的词《西江月·平山堂》里有这么一句,"十年不见老仙翁,壁上龙蛇飞动。"形容书法笔法的气势很好,像龙蛇在飞动。

据说古时候,有一位姓张的丞相,虽然字写得不怎么样,但特别喜欢书法,尤其喜欢草书。情绪一来,就拿起毛笔使劲瞎比画。有天这个丞相想起两句诗,马上提笔就写,写完之后,挂在墙上,自己倒背着手,慢慢地欣赏。他侄子进来后,连连称赞:"叔叔,这是您写的字啊,您的草书可太棒了,有如龙蛇飞动。"

张丞相以为碰上知己了,就问:"你也喜欢书法吗?"

"对啊,我喜欢书法。"

"学习书法应该从临摹开始,你现在先把我这两句诗临摹下来。"他侄子拿过笔来,蘸着墨,铺上纸,看着墙上挂着的张丞相写的字,依葫芦画瓢,照猫画虎地在那写。草书是有规范的,可张丞相不是按正规的草书技法去写的,而是自创,所以写得很不规范。

他侄子写着写着,发现其中有一个字不认识,就问:"叔叔,您看这个字是什么啊?"

"你仔细看看。"

他侄子还是没看懂,说:"仔细看看也不认识,这是什么啊?"

大话成语

"你按照上下句猜猜,应该是什么?"张丞相有点不耐烦了。

"我实在是才疏学浅,真的不认识,您告诉我吧,那到底是什么字。"

张丞相走到自己字跟前,仔细端详了半天,说:"你应该早问我啊,这么半天你才问我,连我也不认识这字了。"他自己写的字连自己都不认识了!可想而知,这张丞相草书写得怎么样了。

后来,"龙蛇飞动"变成了褒义,专指书法气势奔放、笔力劲健,仿佛龙在飞腾,蛇在游动。是对优秀书法作品的一种赞美。

竭池求珠
jié chí qiú zhū

——出自《吕氏春秋·必己》

春秋时期,宋国有个姓桓的司马,传说他有一颗宝珠,有大臣便跟宋国国君说:"桓司马的这颗宝珠可了不得。据说这颗宝珠能够避风,碰到刮大风的时候,把这宝珠在手里举着,风就不往嘴里呛;还可以避尘,他有时候把这宝珠戴在帽子上,遇到大风天、沙尘暴,别人都是一身的尘土,但他的脸却像刚洗完一样,一点儿灰尘都不带沾。"国君一听动了心,于是把桓司马找来了,就问:"我听说你有一颗宝珠,既能避风,又能避尘,可有此事?"桓司马说:"主公,我可没有这样的珠子,天下哪有这种珠子啊?"但是别的大臣硬说他有,宋国国君又极想要这颗珠子,最后找了个借口把他治罪,桓司马一看自己被强按了罪名,就跑到别的国家去了。

但是宋国的国君还没忘这珠子,派手下人找到桓司马,对他威逼利诱:"你只要把那珠子拿出来,或者告诉珠子在哪里,就可以免你罪,你也可以回宋国。"桓司马没办法,就说:"好吧,我告诉你们,珠子就在我家养鱼池里。"宋国国君马上派人去桓司马家的养鱼池,把池水都淘干了,池子里边鱼也全死了,又接着往地下挖,一定要找这颗珠子。不过挖地三尺最后也没找着这颗珠子,估计要么是桓司马把珠子带走了,要么是根本就没有这么颗珠子。但是,"竭池求珠"这条成语却留下了,是说一个人贪得无厌的意思。

竭泽而渔
jié zé ér yú

——出自《吕氏春秋·义赏》

春秋时期,楚国进攻宋国,宋国跟晋国关系很好。眼看楚国兵临城下,宋国就向晋文公求救,晋文公得到消息之后,心想:宋国向我求救,我要是出兵,如果打不过楚国,那该怎么办呢?他就把大臣狐偃找来问:"我们该不该出兵帮助宋国抵抗楚国呢?"

狐偃回答:"当然应该出兵。我们和宋国友好,宋国现在有了难处,我们怎么能不出兵呢?"

"但是我们出兵肯定打不过楚国啊。"

"打不过楚国,可以想办法啊。讲究礼仪的人,不管多么复杂的事情,都

大话成语

要讲究礼仪；喜欢作战的人，不管是在情况下，都善于用诈。我们可以用诈。"

晋文公继续问："那我们怎么用诈？"

狐偃就提出了一个计策，"您知道吗？楚国和曹国、卫国这两个小国家是友国。我们编个理由，就说曹国、卫国得罪了我们，我们兴兵去攻打他们，楚国肯定要回师营救。他一回师就解了宋国之围，那个时候我们设伏兵再打楚国。"

晋文公觉得有点道理，但没有完全听狐偃的，又找了来大臣雍季，接着问："刚才狐偃给我出了这么一个主意，你觉得如何呢？"雍季说："他是劝您去说谎，教您去用诈，但是竭泽而渔而永无鱼，焚林求兽而永无兽啊。"就是说为了要抓鱼而把整面湖水全弄干，鱼是全都得到了，但以后再也没有鱼了；为抓住野兽，把这一片山林全都砍光，全都烧尽，所有的野兽是都抓住了，但是以后却永远再没有野兽可捉了。雍季继续说："我们晋国，在列国之中，是有威信的。如果我们靠着撒谎欺诈过日子，那将来我们就很难成为霸主。"晋文公听他说得也有道理，可眼下怎么办？还是得先按照狐偃说的主意办。

于是晋国先找理由去攻打曹、卫两国。曹、卫两个小国不禁打，只能向楚国求救，楚国马上从宋国国都商丘回师救援。这一回师，晋国就挑楚军的薄弱环节，去攻打楚国的另两个同盟小国陈国和蔡国。一打陈、蔡，楚军就掉过头来追晋军，晋军在半路上设了伏兵，就在城濮这个地方，晋楚两国进行了一场恶战。最终，晋国把楚国打败了。

打败楚国之后，晋军论功行赏。晋文公挺绝，一等奖给了雍季，二等奖给了狐偃。

有大臣就问晋文公："主公，这回作战您用的是狐偃的计谋，您怎么反把这重奖给了雍季，而把次等奖给了狐偃呢，您是不是忘了谁出的计谋了？"晋文公说："我没忘，狐偃出的主意是一时之计，雍季出的主意则是百年之计，我能不奖百年之计，只奖那一时之计吗？"大家这才明白过来。后来孔子评

价这件事说:"临难用诈,足以却敌,反而尊贤,足以报德。"所以后来晋文公果然成了五霸之一。

"竭泽而渔"这条成语就来自雍季劝谏晋文公的话中,比喻取之不留余地,只图眼前利益,不作长远打算。也形容统治阶级对人民的残酷剥削。

举案齐眉
jǔ àn qí méi
——出自《后汉书·梁鸿传》

梁鸿是东汉时期著名的贤士,他的父亲是王莽时代的一个城门校尉,城门校尉是管城门的低层官员。梁鸿父亲死的时候,梁鸿还小,连棺材都买不起,用草席把他父亲一裹,就埋在野外了。梁鸿长大后才华过人,刻苦读书,一直念到太学,那个年代的太学相当于我们现在的重点大学。梁鸿念完了太学没有做官,因为他性格过于清高,为了维持生活,梁鸿在皇家林苑上林苑一带养猪。

有一年冬天,梁鸿在拢火的时候不小心,火势蔓延,把邻居家的院子烧着了,这家主人就逃跑了,按说梁鸿如果也跑了,别人就不会知道是谁烧的,但梁鸿这个人境界高尚,等邻家主人回来,他就去主动告诉人家,说:"您的房子,是我拢火不小心给烧着的,非常对不起您,我赔您。"

邻家主人一看,可逮到这个放火的了,便说:"你赔我什么,我家产都让你给烧没了。"

梁鸿说:"我的家产就这十几头猪,全赔给您怎么样?"

"你这十几头猪也抵不了我那些家产。"这家人嫌赔得太少。

梁鸿说:"要是抵不了的话,我把自己也赔给您。"梁鸿从此整天给邻居家干活,不懈朝夕,勤勤恳恳,绝无怨言。

这件事让周围的邻居知道了,邻居们为此抱不平,指责这家主人:"你家真有那么多钱吗?人家把猪赔给你就得了。这梁鸿是读过太学的,有大学问,你们家使唤这样的人,不怕折寿吗?估计你后辈儿孙都得受罪。"那家主人就对梁鸿说:"我不敢用你了,猪我也都还给你。"梁鸿说:"不用我可以,这猪

大话成语

我可不要，就算赔的钱。"梁鸿对猪坚辞不受，后来就回乡去了。

梁鸿回家乡后以种地为生，村子里的人都知道梁鸿是大才子，都想把自己的女儿许配给梁鸿为妻，但是梁鸿对哪个都没看上。村里姓孟的人家有个闺女叫孟光，孟光长得又黑又丑，而且力气极大，能把捣米的石槽子轻易举起来，所以一直没有人敢娶她，有个别的几个人到他们家提亲，孟光自己还不同意。转眼间，孟光姑娘已经三十岁了，她的父母愁得半夜睡不着觉，有时候就跟孟光说："你都三十了，还不嫁，你想嫁什么样的人啊？"孟光说："我就想嫁一个像梁鸿那样的人。"梁鸿人品在全村是出了名的。她爹妈一听："你眼界可真高，就你这模样人家能要你吗？"这话传到梁鸿的耳里，梁鸿对孟光还真有所了解，就下聘礼准备娶她。等到过门那天，孟光打扮得漂漂亮亮的，没想到过门后梁鸿整整七天没搭理她，孟光问梁鸿："你为什么对我不理不睬啊？"梁鸿说："你知道我为什么娶你吗？我听说你是很质朴的人，干活有力气，我打算把你娶过来，一块儿到山里边去过隐居生活，可你整天又擦胭脂又抹粉，还穿着这样的光鲜衣裳，像山里人吗？"

孟光一听就笑了，说："先生您不知道，我过来的时候还带着另一套衣服，不光有粗衣麻鞋，连扫地笤帚、簸箕、锄头、镐头、捣米的石槽我都带过来了，都是我的嫁妆，我就打算跟你上山里去呢。"孟光马上换上布衣麻鞋，脸也洗了，胭脂粉也不擦了。梁鸿说："对了，这才是我的妻子呢。"

不久，他们搬进了霸陵山过起了隐居的生活。有一回，梁鸿为避开征召他入京的官吏，搬到了吴地的朋友家。在朋友家里寄宿的时候，孟光十分尊敬梁鸿，每当她做完饭，就把摆着饭的案子端起来，举到和眉毛一起高，请梁鸿用餐。历史还有一种说法说是梁鸿和孟光夫妻两人吃饭的时候，互相谦让，把饭案一直举到眉毛这么高。成语"举案齐眉"就出自这里，形容夫妻之间互相尊敬或者夫妻关系和美。

不因人热
bù yīn rén rè
——出自《东观汉记·梁鸿传》

这次说的成语"不因人热",说的也是梁鸿和孟光的故事。

据说梁鸿和孟光在吴地朋友家里住着的时候,他这朋友家有个邻居,一天在大锅底下做完了饭,剩余的柴火没撤出来。邻居知道梁鸿、孟光两口子生活很困难,就告诉梁鸿:"您可以用我这剩下的柴火做饭,可以节省柴火。"梁鸿很清高,说:"不用了,你这柴火你还要用吧。我呢,自己有柴火,是我自己打来的。"梁鸿就舀了一瓢凉水,把灶火底下的余火给浇灭了,把那截剩下的柴火也拽出来还给了邻居,然后把自己打来的柴火抱来,重新点火做饭。

"不因人热"这条成语说的就是这件事,比喻为人孤僻高傲。也比喻不依赖别人。

众志成城
zhòng zhì chéng chéng
——出自《国语·周语下》

周朝的周景王,思维非常活跃,老有一些新主意。有一次,周景王想把钱币的样式改一下,原来周朝的钱币都是比较小的圆钱,他就想按原样把它改成大的,另外,他还造了一种刀币,刀把上有个眼,用线把它穿上,花的时候好随身携带。现在搞钱币古董收藏的人,如果手里有景王币,那可就值大钱了。

105

大话成语

周景王把要更换钱币的事跟老百姓公布了：旧币要限期废掉，新币计划流通。那时不像现在，媒体不发达，官府只能靠贴布告往下通知，但仍有很多老百姓不知道这事。换钱之后，旧币废弃，新币启用，很多老百姓的旧币还在家里存着，可花钱的时候商家都说不要了，老百姓就骂周景王——大家存了那么多钱，结果都废了。

周景王才不知道这些事，反正钱是换了。钱币换了还不到三年，他又突发奇想，想铸一口铜钟，但国库里的铜不够用。他就派人上老百姓家里去搜集废铜，老百姓谁家有铜，不给就不行，官军挨家挨户地搜。老百姓心里对此又是一番气愤和怨恨。结果是把老百姓家里的铜都搜集来了，最后铸了一口大钟。

大钟铸好了，周景王带领文武群臣前去参观，还让手下人撞钟听声。钟撞响，周景王听着心里很美，觉得好像是他的政绩的一种显示。他对文武大臣们说："你们听到没有？这钟的声音是何等的美妙？何等的和谐？"

忽然大臣里边有一个人吐出了两个字："未必。"周景王当时就愣了，转身一瞧是大臣州鸠，周景王问他："你怎么说未必呢？"

州鸠回答："大王听这个钟声和谐，可老百姓听着就未必和谐。"

周景王问为什么，州鸠说："大王，您知道吗？三年以来，您做的第一件事情是更换钱币，老百姓原来存的很多钱全都作废了，而他们只是不知道换或者来不及换，他们能不骂我们吗？第二件事是铸这口大钟，钟最后铸成了，您听着声音也很和谐，但是老百姓现在

是怨声载道啊。众心成城，众口铄金，老百姓的心要与我们一致的话，就好像坚固的城墙，敌人怎么都打不败我们，老百姓要是骂我们，我们就是铜铁也会熔化，不堪一击啊。"但景王还是不听他的话。结果，景王在第二年死于心疾，周王朝也随即爆发了长达五年之久的内乱。

后来"众心成城"一语演变成了"众志成城"，意思是万众一心，像坚固的城墙一样不可摧毁。比喻团结一致，力量无比强大。

三人成虎
sān rén chéng hǔ

——出自《韩非子·内储说上》

战国时期，魏国和赵国关系友好，签订了同盟条约。那个时候国与国之间有一个习惯，为了表示两国之间的友好，国君常常把自己的太子派到另一个国家去，相当于去当人质。魏王就想把自己的太子派到赵国首都邯郸去，同时还选中了一位叫庞恭的大臣陪同太子一起去。

临走之前，魏王把庞恭召到宫内，告诉他陪着太子到邯郸后应该做什么，应该怎么做。公事都谈完了，最后魏王就问庞恭："你对我派你到邯郸去，感觉如何？"庞恭说："这次大王的派遣，是大王对我的信任，我自然要尽心竭力，不过，我有句话想问大王？"魏王点点头让他接着说。

庞恭说："请问大王，如果现在有人说国都的大街闹市之中有只老虎在晃荡，您信不信？"

魏王说："那怎么可能，老虎怎么会跑到闹市来，我不信。"

庞恭接着说："但没用多久又来了一个人，还跟您这么说，说闹市上有一个老虎在那晃荡，您信不信？"魏王说还是不信。

庞恭又说："大王，又有一个人，也就是第三个人到您的跟前，跟您绘声绘色地说那老虎真来了，说就在那闹市上晃荡呢，您信吗？"

"要是这样的话，弄不好我可能就要信了。"

"大王，我说这话什么意思呢，

大话成语

大概您还不知道。我将陪着太子到赵国的首都邯郸去,即将远离您,我们之间的距离要比闹市与您这王宫的距离要远得多。我担心我走了之后,朝中大臣中那些和我素来不合的人,会在大王跟前说我的坏话,您可千万别信。"魏王答应了。

庞恭就陪着太子到赵国的首都邯郸去了,在那待了很长一段时间,这期间,还真有不少人,在魏王面前说庞恭的坏话。当庞恭回到朝中想见魏王时,魏王却说什么也不见他了。庞恭心想,三人成虎,果然最后真有了虎了。

"三人成虎"这条成语就来自上面的故事,意思是说:三个人谎报集市里有老虎,听者就信以为真。比喻谣言多人重复,就能使人信以为真。

项庄舞剑 发指眦裂
xiàng zhuāng wǔ jiàn　　fà zhǐ zì liè
——出自《史记·项羽本纪》

这次介绍的"项庄舞剑"和"发指眦裂"两条成语出自一个故事。

秦末天下大乱,各地纷纷起义,义军推举楚国王室的一个后裔为楚怀王,以争取民心。楚怀王让项羽和刘邦兵分两路,攻取咸阳,也就是秦朝的首都,并约定谁要是先占领了咸阳,谁就称王。刘邦的队伍虽然人数较少,但是计策对头、用人得当,所以先占了咸阳。刘邦占了咸阳之后,却没有马上称王,因为他知道项羽的脾气,就率军驻扎在咸阳附近的灞上,等着项羽到来。

不料,项羽在进军咸阳的途中被刘邦手下拦在了潼关。项羽火了,攻破潼关,到了鸿门地方扎下了大营。刘邦的左司马曹无伤派人告诉项羽说刘邦正打算在关中称王,项羽听后更加愤怒,下令次日一早让兵士饱餐一顿,准备出击刘邦的军队。项羽手下谋士范增跟项羽说:"将来和你争夺天下的劲敌就是刘邦,我们得想办法,趁他羽翼未丰尽早把他杀了。"

项羽问:"怎么杀他?"

"咱们就在鸿门这儿设宴,请他来赴宴,酒席宴上,我举玉玦为信号,您就可以下令把他宰了。"项羽听从了。

可是他们的决策被项羽的叔父项伯听到了,项伯想到了自己的好朋友张良,张良现正在做刘邦的谋士。于是项伯连夜骑着马跑到了刘邦的营中,他见了张良,告诉他项羽的计划并说:"明天如果项羽请沛公去赴宴,你可千万别跟着去,一去就没命了。"张良说:"我还是领您见见我的主公吧。"项伯连忙摆手,"不行不行,我这等于向你泄密,一见刘邦,不就把这个消息给透露了吗?"可刘邦这时正好从外边进来,项伯只能把事情如实相告,让刘邦千万小心。刘邦与张良两个人商量,觉得如果第二天不去的话,项羽就更有了发兵的借口。

第二天,刘邦假装糊涂,带着张良,还有一百多个随从,来到了鸿门。刘邦一见到项羽就跪到地上,向项羽哭诉自己的苦衷:"您不要以为我先进了咸阳就想称王,我是无德无能之人,哪敢称王,我在等着大王您来呢。"刘邦是情真真、意切切,每句话都打动了项羽的心,项羽渐渐地没有了杀他的心思。

项羽说:"行了,不要哭了,我也不是要杀你,坐下喝酒吧。"两人开始一起喝酒。过了一会儿,范增觉得时候到了,便把玉玦拿起来示意项羽,项羽却假装没看见,范增气坏了。但范增又生一条计策,他找来了项羽手下的将军项庄,让项庄以喝酒助兴的理由假装舞剑给大家看,项庄拿着宝剑在大帐里边就舞上了,说是舞剑,其实是准备借

着舞剑的机会接近刘邦,好乘机刺杀刘邦,所以项庄舞着剑就奔刘邦而来。"

"项庄舞剑,意在沛公"就出自这里,这条成语的意思是说,表面上看来只是一种现象,其实内藏着杀机。这时候项伯也拔剑起舞,以此掩护刘邦。

张良看到情势危急,马上走出大帐,找到了跟随刘邦来的一员勇将樊哙,他对樊哙说:"里边情势危急,沛公有生命危险,你快点进去。"樊哙左手提着盾牌,右手拿着宝剑,怒气冲冲往大帐里就走。门口的军士拦住他,樊哙拿起盾牌一推,就把武士推倒,然后提着剑就进了大帐,站在那里目视着项羽,一脸的怒气,"发指眦裂"的样子,就是说气愤得头发好像都立起来了,眼角都快瞪裂了。

樊哙说:"你们在里边有吃有喝,却让我们跟随来的将官在外边喝西北风,到现在我们还饿着肚子呢。"于是项羽在煮肉的鼎里拿起一个猪腿赏赐给樊哙,樊哙接过之后,三口两口就吃完了。项羽挺欣赏樊哙,便说:"是真勇士啊,赏酒。"有人给送过酒来,樊哙一仰头就喝完了。

项羽问樊哙:"你就是为吃喝来的吗?"樊哙说:"不,我还有更重要的事,我主沛公忠于项王,到这里来只带

了百余人,早听说项王在这里设下鸿门宴有意杀害他,他却甘冒生命危险向项王来做解释,我想项王不会真想着要杀害我们主公吧。"樊哙把这事抖搂开,项羽就更不能杀刘邦了。这时候范增在旁边一个劲地举那个作为信号的玉玦,举了好几回,项羽也装着没看见,最后项羽喝酒喝晕了,扶着脑袋困得睡着了,刘邦借着上厕所的工夫从大帐出来,立刻骑马跑回灞上,脱离了险境。

"项庄舞剑,意在沛公"也叫"项庄舞剑",比喻说话和行动的真实意图别有所指。"发指眦裂"则指头发向上竖,眼睑全张开,形容非常愤怒的样子。

怒发冲冠　完璧归赵
nù fà chōng guān　wán bì guī zhào
——出自《史记·廉颇蔺相如列传》

这次说的两条成语都出自一个故事。

战国时期，各国有强有弱，相对来说，秦国是个强国，赵国就是弱国。赵国的国王手里有一块美玉叫和氏璧，秦王知道了，就给赵王写来封信，信上说："我愿意以十五座城换这块和氏璧，不知你同意不同意。"赵王接到秦王的信之后犯了难，把大将军廉颇和其他大臣招来，共同商量对策。如果赵王把和氏璧送给秦国，恐怕秦国不会真正用十五座城来交换，赵王白白地受到欺骗；如果不给，秦强赵弱，秦国恐怕会出兵攻打赵国。左右为难，赵王想派个使者到秦国去交涉，却又找不到合适的人选。

正在此时，宦官头目缪贤出来说："我有个家臣，叫蔺相如，此人智勇双全，不如派他到秦国去。"赵王问："你怎么知道他可以出使秦国呢？"缪贤告诉赵王："我有一次犯了罪，怕您治罪，打算偷偷逃到燕国去。蔺相如知道后，问我：'你怎么知道燕王会接纳您呢？'我说：'我曾经跟随大王在边境上与燕王相会，当时燕王一个劲向我敬酒，还私下握住我的手说要做好朋友。我信得过他，所以准备逃到他那去。'蔺相如听了说：'燕王为什么要跟您做好朋友？因为赵国强，燕国弱，他之所以要跟您做好朋友，无非是想希望您在赵王的面前多说他点好话，如果您现在犯了罪，逃到燕国去避难，燕王就不会保护您了，因为他怕得罪赵王，弄不好还会把您送回来，您有了叛国之罪，罪

大话成语

就更大了。您不如现在脱掉衣服，赤身伏在腰斩人的斧子上，亲自去大王面前认罪请求处罚，大王宽厚仁慈，或许您还能得到大王的宽恕。'我听后照着做了，大王您果然宽恕了我。所以从这件事情上来看，蔺相如有胆识、有见地，他要是出使秦国，我认为最合适不过了。"赵王马上把蔺相如找来，跟他说明了情况，让蔺相如出使秦国。

蔺相如带着和氏璧来到了秦国，秦王在章台召见蔺相如，蔺相如把和氏璧献上去，秦王将和氏璧拿过来一瞧，果然纯白无瑕、宝光闪烁，他一直把玉璧捧在自己手上仔细欣赏，又把它传给左右的侍臣和嫔妃们看，但就是不提给赵国十五座城的事。蔺相如心里顿时明白秦王要赖账，蔺相如便上前说："大王，您称赞这和氏璧那么好，可它有一块瑕疵，请让我指给您看。"秦王听后，便把和氏璧递给蔺相如，蔺相如接过和氏璧，退后几步，身后倚靠柱子，瞪着秦王，大声说道："大王，我送这块和氏璧到秦国之前，我国大王是斋戒了五日才把璧交给我，如此的重视。当时我们曾经议论您会不会言而无信，拿走玉璧却不把十五座城给我们。大家说，即使老百姓交朋友，尚且互不欺骗，堂堂一国之君的秦王，绝不会连

一个平民百姓都不如，因此我就冒险送玉璧而来。万万没想到，您言不符实，您把玉璧接过去后却不谈十五座城池的事，所以我把玉璧拿回来了，大王，要么您给十五座城池，要么我就拿回玉璧。如果大王一定要逼我，我情愿把自己的脑袋和玉璧在柱子上一起撞个粉碎！"说到这里，蔺相如愤怒得头发直竖起来，都顶着帽子了。"怒发冲冠"这条成语就出自这里。

秦王怕蔺相如把璧砸坏，连忙赔礼道歉，说："你怎么能说我不给你十五座城池呢？我是肯定要给的。"于是让手下人拿过地图来。秦王摊开地图对蔺相如说："我已准备把这十五座城划归赵国。"蔺相如说："如果您说的是真的，那您先把十五座城池圈好，再准备正式的仪式接受和氏璧，临走的时

候我们大王斋戒了五天,您也得斋戒五天,然后我把和氏璧再给您。"于是秦王说:"五天之后,我把城池再圈给你吧。"

蔺相如回到驿馆后,知道秦王没有诚意,便悄悄地差一个手下人,挑选一条隐蔽之路,带着和氏璧回赵国向赵王复命,自己单独留了下来。

五天过去了,秦王把蔺相如找来,说:"现在我准备把十五座城池给你们,你把和氏璧给我吧。"蔺相如回答:"大王,我头一次见面就觉得您未必真给赵国这十五座城池,所以我已经派手下人暗地里将和氏璧带回赵国,我则作为赵国的使臣留在这里,您要真心给的话,请把十五座城池和地图都交给赵国管理,然后我们就把和氏璧送回来。我们若言而无信,您可以进兵攻打赵国,如果您不愿给十五座城池,和氏璧就不能还您了。我知道大王您听了我的话会生气,您生气也无非就是要我的命,您现在支上油锅,我就可以往里跳。"由于蔺相如有气节、有胆识,秦王对他也无可奈何,最后只有把他放回来。这就是"完璧归赵"的故事。

"怒发冲冠"的意思指愤怒得头发直竖,顶着帽子,形容一个人愤怒到了极点。"完璧归赵"本指蔺相如将和氏璧完好地从秦送回赵国。后比喻把原物完好地归还本人。

杳如黄鹤
yǎo rú huáng hè

——出自南朝·梁·任昉《述异记》

武汉长江边上有一个黄鹤楼,据说建于三国的东吴时期,为什么叫黄鹤楼呢?这里有一个传说。

古时候,有个叫荀瓌的人来到一座阁楼上,静坐遐思,他忽然发现在西北边的天上,有一片彩云,非常漂亮,飘然而来。云彩越来越近的时候,他才看到云彩上边还有一个皓发银髯的老者正骑着一只黄鹤。老者落下来之后,便跟荀瓌交谈起来,两人谈得十分投机,一直谈到了夕阳西下,老者才起身告辞,又骑着黄鹤飘飘而去,后来的人再没见过这个老者回来。这个故事见于古书《述异记》,故事一传开,黄鹤楼因此

大话成语

而得名。

后来很多的诗人,都爱留诗在黄鹤楼的墙壁上,但是人们传诵最久远的,就是崔颢下面的这首诗:"昔人已乘黄鹤去,此地空余黄鹤楼,黄鹤一去不复返,白云千载空悠悠。晴川历历汉阳树,芳草萋萋鹦鹉洲。日暮乡关何处是,烟波江上使人愁。"据说后来大诗人李白也曾经到过黄鹤楼,有人劝他也留一首诗,李白将已经留下的诗都看了一遍后,说:"不用再写了,我要写也超不过崔颢这首啊。"崔颢这首咏黄鹤楼诗的名气就更大了。他在诗里感慨黄鹤一去不复返,骑鹤的仙人再也没回来,所以就有了这句成语:"杳如黄鹤"。原指传说中的仙人骑着黄鹤飞去,从此不再回来。现在比喻无影无踪或下落不明。

人神共愤
rén shén gòng fèn

——出自《旧唐书·于䪫传》

于䪫,字隐元,是唐德宗时候的官员,政绩卓著,他无论干什么事情,都是"言必行,行必果"。

后来于䪫当了苏州刺史。唐朝苏州这个地方,河流非常多,需要开渠通道、兴修水利。有一回,某处要修渠,但人工不够,于䪫就问:"苏州这么大的地方,人工怎么会不够呢?"手下人告诉他说百姓都修庙去了,于柚带着人去一看,果然很多民夫都在修庙。

于柚问民夫们:"这是修什么庙啊?"

民夫们回答:"这个庙叫五通神庙,五通神是指五个神仙,特别灵验。"

于柚指着塑像说:"那你问问他,最近老没下雨,哪天能下雨?"泥塑自然不会说话。于柚说:"他怎么不说话呢?他怎么不回答?什么五通神庙,我听都没听说过,好好地弄这么多神干什么?"于柚马上下命令把这庙给拆了。当时是封建社会,老百姓都有些迷信思想,于柚扒了很多庙,大家对他就有看法,觉得他肯定会遭到报应。可是于柚并没有招到什么报应,相反官还越当越大,最后被调到朝廷中央去了。

唐德宗死后,唐宪宗继位,唐宪宗当皇帝的时候,于柚病故了,唐宪宗要给于柚一个谥号。所谓谥号,就是封建社会的官员死了之后,朝廷根据他们的生平行为给予的一种称号,以褒贬善恶。于柚生前做事很厉害,有时飞扬跋扈,唯我独尊,谁若违抗他的命令,他都要严惩。所以唐宪宗送给他的谥号,是一个"厉"字,人们都称他为"厉公"。

于柚的儿子觉得这个"厉"字不太好,所以等到唐宪宗死了,唐穆宗登基的时候,于柚的儿子就向唐穆宗提出请求,恳请皇帝把于柚的谥号改成"思"字,说明他爸爸是勤于动脑子的。可是有的大臣上奏章表示反对,其中太常博士王彦威语气最激烈,他说:"于柚活着的时候,官越当越大,他手里拿的是朝廷的符节,但为人却非常残暴,百姓对他怨声载道,他还扒庙毁庵,神仙也恨他,老百姓也恨他,人神共愤啊,这样

古话成语

的人国法难容,不应该改他的谥号,就应叫厉。""人神共愤"这条成语就出自这里。"人神共愤"和"天怒人怨"的意思差不多,就是说不仅常人恨他,包括冥冥中的神仙也恨他,形容民愤极大。

唐穆宗最后并没有听这些大臣话,他认为于柚政绩显赫,所以把谥号由"厉"字改成了"思"字。

如坐针毡
rú zuò zhēn zhān

——出自《晋书·杜锡传》

晋武帝司马炎去世后,他的儿子司马衷继位,也就是晋惠帝,他立长子司马遹为太子,司马遹死后被谥为"愍怀",后人就把他称为"愍怀太子"。

愍怀太子小的时候很聪明,长大以后却不学好,整天就知道玩耍,在宫里找人下棋、玩鸟、整蝈蝈——这都是太子干的活吗?为了方便喂蝈蝈、喂鸡、喂羊,他还让人在宫里开了个菜市场,菜市场里卖的东西都是为供他服务的,同时又开了个宠物市场,里面卖鸡、卖狗、卖什么的都有。

当时的皇后贾后,是个很有心机的女人,总想独揽大权,觉得太子是障碍,就想陷害他。负责太子教育的官员叫杜锡,对太子的恣意嬉耍很是担忧,更担心他的胡作非为落人口实,给贾后以机会。杜锡就经常跟太子说:"您可不能老和小人一起这么玩,您得想想国事啊,将来您是皇上啊。"可是太子根本不听杜锡的话,由于杜锡老这么劝说,太子听得心里烦了,便让侍从弄来很多针,放在杜锡常坐的毡子上,将针尖朝上。

有一天,杜锡又劝太子来了,太子

一句话都没听进去,却说:"您老在这说,累不累?我现在命你先坐一会儿再说。"杜锡不知道太子的诡计,一落座席下面的针就扎入臀部,血流不止,疼痛不堪。

"如坐针毡"意思就是说坐在插着针的毡子上。后来形容心神不定,坐立不安。

马革裹尸
mǎ gé guǒ shī

——出自《后汉书·马援传》

东汉的马援是汉光武帝刘秀手下一位有名的大将,刘秀很看重他的军事才能。

有一年,马援在西南方打了胜仗回到京城洛阳,汉光武帝刘秀在宫里摆上御宴款待马援,酒桌上刘秀就问马援是怎么平定南方的,马援当时喝了几杯酒,就借着酒劲把他在南方的战斗详细描述了一遍。刘秀听完之后非常高兴,因为刘秀本人亲自带兵打过仗,很懂得军事,认为马援在用兵上很有智谋,刘秀一高兴,就封他为伏波将军,并对马援说:"我准备给你一县的封邑。"一县的封邑,就是一个县的老百姓的税收,当时一个县差不多有一万户,这就相当于一个万户侯。大家纷纷向马援表示祝贺。

不料马援听了,立时站起身来,离座而跪说:"陛下,如此厚重的封赏,臣不敢接纳。"

刘秀问:"你为什么不敢接纳?"

"武帝时的伏波将军路博德,开拓了七个郡那样多的土地,他得到的封地也只有数百户。我的功劳比路将军小得多,却也被封为伏波将军,还有一县的封邑,我受之有愧啊。"

刘秀笑着说:"不要紧,寡人的话出了口便不能收回,你就先领这一县的封邑,要是觉得功劳还不够,那就先欠着,以后再立功时寡人就不加封赏了。"马援这才跪下磕头谢恩。

过了一个多月,匈奴和乌桓侵袭扶风,刘秀准备派兵去迎战,得知这个消息,马援主动请缨出战。刘秀说:"是不是你想到补偿那一县的封邑的事了?"马援说:"对,我建功立业的

时候到了。"于是刘秀批准了马援的请求,让他率军出征。

出征的时候,刘秀带着满朝文武大臣送马援到十里长亭。马援在上马之前,对刘秀和众臣说:"为大将者当死于边野,不应用棺材敛尸,用马的皮裹着尸体就可以了,怎么能躺在床上,死在儿女的身边呢?""马革裹尸"这条成语就出自这里。刘秀听了,深为马援豪迈的报国热情所感动,不禁说道:"将军真不愧是大丈夫啊!"

"马革裹尸"的意思是用马皮把尸体包裹起来,指英勇作战、献身疆场的决心。

虎符救赵
hǔ fú jiù zhào

——出自《史记·魏公子列传》

魏公子是战国时魏昭王的儿子,魏安釐王同父异母的弟弟,和赵国平原君赵胜、齐国孟尝君田文、楚国春申君黄歇合称为"战国四公子"。由于他的封地在信陵,所以又叫信陵君。信陵君博学多才,为人忠厚,而且善交朋友,凡是他认为有才华、有见地的人,都谦虚地以礼相待。因此,周围几千里内的士人都争着来依附他,他门下的宾客有三千多人。

有一次,他听说魏国首都大梁有一个七十多岁的智者叫侯嬴,家里很穷,是

个看守都城东门的小官。信陵君派人去问候他,想要送他厚礼。侯嬴不肯接受,说:"我几十年来修养品德,纯洁操守,决不会因为穷困的缘故而接受公子的财物。"过了几天,信陵君办酒席,大宴宾客,等大家都坐好以后,自己亲自坐车去接侯嬴,侯嬴只是整理了一下破旧衣帽,就径直上车坐在信陵君的上座,一点都不谦让,侯嬴又对信陵君说:"我有个朋友是杀猪的,叫朱亥,也是英雄豪杰,现在在肉市里,我想坐车绕道去拜访他。"这要是换了别人,早就不耐烦了。但信陵君毫不介意,赶着车就去了。到了肉市上,侯嬴又故意长时间站着跟他的朋友朱亥谈话,信陵君却一点儿也没有不耐烦的神态,还诚心邀请朱亥去参加酒宴。朱亥说:"我就是个杀猪的,没什么本事,不能上您家去充当贵客。"最后只把侯嬴接来了,到了酒席上,信陵君还把侯嬴奉为上宾。正因为这样,信陵君的手下有很多能人,各诸侯国连续十多年都不敢动兵侵犯魏国。

后来有一年,秦国军队进攻赵国,赵国写了告急的文书,到魏国求救,魏王派出大将晋鄙带领十万大军,前往赵国首都邯郸营救。晋鄙走到半路上的时候,秦王就给魏王来了封书信,说谁要是援助赵国,我们把赵国打败之后,接着就打他。

魏王马上派人去阻止晋鄙进军,想观看时局的变化再做决定。于是十万魏军驻扎在半道上了,信陵君可着急了,因为赵国平原君的妻子就是信陵君的姐姐,平原君便派出使者责备信陵君说:"我自愿同魏国联姻,是因为您行为高尚,又讲义气,能够解救别人的困难。现在赵国都要投降秦国了,而魏国的救兵却不来,看到我的困难,您的焦急表现在哪里呢?即使您瞧不起我、抛弃我,难道您就不怜爱您的姐姐吗?"信陵君很是担心,屡次请求魏王出兵,并让自己门客辩士用各种理由去劝说魏王,但魏王惧怕秦国,始终不肯答应。信陵君估计,最终恐怕不能得到魏王出兵的允许,于是让门客们凑集了车骑一百多乘,要同秦军拼命,与赵国共存亡。

信陵君带着人马经过都城东门时拜访了侯嬴,侯嬴说:"公子好好努力去做吧,我就不送啦。"信陵君走了几里路后,心里越琢磨越不是滋味,心想:"我对待侯嬴也够周到了,天下没有人不知道的。现在我要去送死,他却没有一句半句话的送给我,难道我还有没有做到的地方吗?"他就又驾着车回来见侯嬴。侯嬴笑着说:"我知道您要回来的。您喜爱人才,名闻天下。现在有了危难,没有别的办法,却只打算带着一百多人去跟秦军拼命,这就好像拿肉

大话成语

去投给饿虎，又会有什么成效呢？公子您待我特别恩惠，公子去了，我却不给您临别赠言，我知道公子心里怪我，一定会回来的。"信陵君向他连拜两拜，就问他该怎么办。侯嬴支开旁人，悄悄地对信陵君说："大王调动在外的将士是靠虎符，这一半虎符就在魏王卧室之内。如姬最受魏王宠爱，经常出入于魏王的卧室中，有机会能偷得虎符。我又听说如姬的父亲被仇人杀了，她想给她父亲报仇，后来是您帮她报了仇。如姬曾说过，就是死也要报答您的恩情。现在，您可以跟如姬说，让她把魏王那一半虎符拿出来。您持着这一半虎符到晋鄙的大营之中，说魏王有命，让您接替他指挥这十万人马，然后您再进军邯郸，不就可以解赵国之围吗？"

信陵君按照侯嬴说的话去找如姬，如姬真就把虎符给偷了出来。信陵君拿着虎符就要去魏军大营，侯嬴说："将在外，君王的命令有时可以不接受。如果晋鄙不把兵权交给公子，又去向魏王请示，事情就危险了。我的朋友屠夫朱亥可以同您一道去，他是大力士，如果晋鄙不听，可以让朱亥击毙他。"

朱亥就跟着信陵君，到了晋鄙的大营之中，信陵君用一半虎符谎称魏王的命令，晋鄙果然起了疑心，说："我带领十万大军，驻扎在边境，这是国家的大事。现在您却只身前来代替我，这是怎么回事呢？"话还没说完，朱亥就挥动袖中四十斤重的铁锤，锤死了晋鄙。信陵君顺利执掌了兵权，马上进军邯郸，把秦军打败。

这就是"虎符救赵"的故事，指拿一个最关键的东西，救了一个国家。

楚囚南冠

chǔ qiú nán guàn

——出自《左传·成公九年》

春秋的时候,楚国的大将尹子重率兵攻打郑国,大夫钟仪随军出征,但楚国被前来救援郑国的晋国打败了,钟仪也被郑国俘虏了。郑国为了讨好晋国,把钟仪送到了晋国。虽然在晋国作了阶下囚,但钟仪的头颅依然高昂,任凭跳蚤、臭虫和老鼠在阴暗、潮湿的牢房里肆意横行,每天都朝南而坐,遥望楚国,思念故乡。钟仪被押的时候头上戴的是楚国式样的帽子,而楚国又在南方,所以他的帽子也被称为"南冠"。他始终不肯摘下这个帽子,就这样被囚禁了两年。

有一天,晋景公到监狱里边来视察,见到钟仪脑袋上还戴着那个帽子。就问别人:"那个头戴南方式样帽子的人是谁?"随从回答说:"那人是郑国转送来的楚囚。"景公对这个被关押了两年,还仍然戴着自己国家帽子的人十分敬佩,他想了解一下这个长期戴着楚国帽子的怪人,就下令把钟仪释放出来,并立即召见,以示抚慰。

晋景公问起钟仪的家世,钟仪说自己家世是职业乐师,晋景公便让他弹琴,他演奏的是楚国的民间曲调;晋景公又问起楚王的脾气禀性等情况,钟仪只讲了楚王儿时的小事,但拒不评论楚王的为人,他说:"我们楚国大王的脾气禀性不是我们做臣子的可以随便说的。"当晋景公问到他的朋友的时候,他对他的朋友们都谈得非常全面。晋景公听完之后点了点头,说:"你被俘之后,为什么不归降呢?"钟仪回答说:"我们做臣子的始终要忠于楚国,我盼着有一天能够活着回到自己的国家去。"

晋景公把这些事告诉了大夫范文子,范文子感慨地说:"这个楚囚真是既有学问,又有修养,谈得非常全面。一顶楚国的帽子,他都舍不得扔掉,说明他记得他的国家,这是忠臣;他会他们祖传的音乐,说明他很孝顺;当问到他国君的事情的时候,他不随意评论,这说明他很忠心;说到朋友的时候,

古话成语

他又滔滔不绝,说明他很讲义气。这样的人,无论做什么大事,他都能够完成。"范文子便建议晋景公释放他,让他为晋楚两国修好起一些作用,晋景公本来对钟仪有好感,就采纳了范文子的意见,释放了钟仪。钟仪回到楚国后,如实向楚王转达了晋国愿意与楚国交好的意愿,并建议两国罢战休兵。楚王采纳了钟仪的意见,与晋国重归于好。

今天,"楚囚南冠"这条成语引申为不忘故土,不忘家乡。

髀肉复生
bì ròu fù shēng

——出自《三国志·蜀书·先主传》裴松之注引晋·司马彪《九州春秋》

这次讲的成语"髀肉复生"是大家都很熟悉的刘备的故事。

三国鼎立之前,刘备的势力最弱,兵将少得可怜,被曹操给追得到处跑。

后来刘备辗转到了荆州投靠刘表,刘表把刘备安排在新野。如果曹操从北方发兵,必然要先经过新野,先打的就是刘备,刘备心里也明白,刘表是让自己为他看门。但是由于势力很小,人家给个地方,不能挑剔,他在新野驻扎了多年,后来才取了樊城。

刘备的名气很大,刘表表面上对他还是很尊敬,经常把刘备请到自己的家里来饮酒聊天。刘备在荆州这一待就是好几年,身体就有点发胖。有一天他跟刘表喝酒,中途起身上厕所,他摸了摸自己的大腿,发现上面的肉长起来了,不禁掉下泪来,等回到自己座上的时候,脸上还留着泪痕。

刘表知道刘备的感情很脆弱,逢到一些动心的事,特别爱掉眼泪。老百姓不是有句俗话吗,都说刘备是哭来的江山,一有难过的事他就掉眼泪,男人一掉泪呢,就容易引发别人对他的同情,别人就愿意为他报效出力,为他出谋划策。刘表看到刘备流泪,就问道:"怎么啦?您是不舒服还是有什么心事?"刘备不好意思地说:"没什么。实话说吧,我以前一直南征北战,身子不离马鞍,大腿上的肉精壮结实,到这里来后,一晃就是五年,生活安逸,也用不着骑马,大腿上的肉又肥又松。一想起时光过得这么快,人都老了,复兴汉室的功业却一点也没有建成,心里就非常

难受。""髀肉复生"的典故就出自这里,"髀"就是大腿的意思。后来"髀肉复生"形容长久过着安逸舒适的生活,无所作为。

三户亡秦
sān hù wáng qín
——出自《史记·项羽本纪》

秦始皇统一中国之后,做了很多的事情,比方说统一度量衡、统一文字、统一道路的宽狭、修建长城等。同时建立了中央集权,建立了第一个统一的封建王朝。但是秦始皇的统治很暴虐,老百姓都活不下去了。所以在他死后不久,就爆发了反对秦朝暴政的起义。其中最早的,是于大泽乡起义的陈胜、吴广,后来很多地方都兴兵举义旗,反对秦王朝。

各地义军中有两个楚国贵族的后裔,项梁和项羽。项梁的父亲项燕是楚国的大将,死于秦朝大将手中,项家和秦王朝既有家仇,又有国恨,项羽则是项梁的侄子,武勇过人。项梁跟项羽叔侄两个人商量好,准备在会稽这个地方起义。当时会稽的郡守正在捉拿一个叫桓楚的人,项梁就跟郡守说:"您不是

大话成语

要找桓楚吗,他已经逃跑了,但是我侄子项羽知道他在哪儿。项羽现在您衙门外头等着您传见呢。"郡守一听,赶忙说:"快让他进来,告诉我桓楚跑哪儿去了。"项羽进来后,一见郡守,说:"您是想知道桓楚跑到哪儿去了吗?"郡守说:"对啊,你认识这个桓楚?""我认识,他当初跟我是朋友。"郡守急切地问:"他跑哪去你真知道?他跟你说他现在哪里?""他啊,我告诉你……"说话间,项羽跟郡守越走越近,他突然抽出宝剑来,一剑把郡守杀了。当时堂上有很多官军,一看他把郡守杀了要造反,就纷纷上前把项羽包围,但项羽武勇过人,手中宝剑刺出,一会儿的工夫,好几个官军都躺地下了,剩下的也都不敢动了。项羽的人早已在外边准备好了,于是就都冲进来,很快占领了会稽全城。

项梁跟项羽一起义,很多人来响应,其中有一个七十来岁的老头,叫范增,是居鄛人。范增来了以后对项梁说:"你们叔侄两个人这次起事,以后肯定能够成就大业。"项梁就问为什么。范增说:"秦灭六国,楚国的老百姓心里最不平,因为秦把楚怀王抓走以后再没放回来。南公讲过'楚虽三户,亡秦必楚',意思是说楚国只要还有三户人家,最后灭秦的也是楚国人,说明楚国人复国的决心之大,也说明抵抗侵略的久远恒心。更何况现在的楚国人,都盼着有人能领头起事,陈胜吴广起义未能成功,是因为他们自立为王了。您呢,就应该打着楚王的旗号来起义。"

项梁听了范增的话,就把楚怀王的后代找来,这后代是个小孩,正给人放羊呢,项梁叔侄就把这放羊的小孩儿立为怀王,由此兴起了起义大业,后来果然灭掉了秦朝。

以后人们就用"三户亡秦"这个典故,表示报仇雪恨、抗击侵略、复建国家的坚强决心,也比喻正义而暂时弱小的力量,有必胜信心。

求田问舍

qiú tián wèn shě

——出自《三国志·陈登传》

前面的成语"髀肉复生"曾经讲到三国时刘备尚未得势的时候,曾经投靠荆州刘表处暂且存身。刘表经常把刘备请来喝酒谈事。

有天刘表跟刘备说:"明天我给你介绍一位贤士,此人叫许汜。"转过天来,许汜来了,他一见刘备和刘表,坐下没有谈别的,先说起自个儿的事。他对刘表说:"我向你有个请求,我已经买了三百亩地了,但还差一百亩,您能不能把您的土地再卖给我一百亩,我准备在这块地里头盖几处房子。我现在已经有了一处叫竹林轩的房子,周围种的全是竹子,我还准备盖一处绿柳堂,这绿柳堂准备盖成正三进的院子,里面全栽上柳树,没事就在柳树下下棋、饮茶,优哉游哉,多好啊。"

刘备在旁边一语不发看着许汜,等他说了半天之后,刘表才问刘备:"您认为当今天下,谁才是名士啊?"

刘备说:"陈登这个人博学多才,胸怀国事,腹有黎民,堪称名士。"

许汜在旁边就插上嘴了:"陈登不行,那回我去拜访他,他大大咧咧地非常狂妄,居然在自己的床上没起来。晚上我住在他那儿,他睡上床,却让我睡在门旁边的下床,这人没有礼貌,不行。"

刘备说:"我认为陈登对你已经不错了,您要是拜访我,我还不让您睡下床呢。"

"那您让我睡上床?"

"不,我让您睡地下。"

"啊?!"许汜很生气:"你怎么说出这样的话来。"

刘备说:"打您刚才进来,我没听您说什么别的,只说自个儿的地啊、自个儿的房啊,一直在求田问舍。当今天下大乱,真正的英雄都应该想救国之计、救民之策,您身为名士却不过为一己之利而已,我就得让你睡地下。"

大话成语

"求田问舍"这条成语就从这里来。后来我们说到"求田问舍",是指一个人只知道置产业,谋求个人私利。比喻没有远大的志向。

色衰爱弛
sè shuāi ài chí
——出自《韩非子·说难》

春秋时期,卫国国君卫灵公有一个宠姬,叫弥子瑕。弥子瑕长得非常漂亮,据说她的眼睛很有魅力,能勾魂摄魄。所以卫灵公跟弥子瑕形影不离,常年在一起。

当时卫国有一条法律,国君专用的车马,谁要未经国王允许私自把它动了,就要受"刖刑"。"刖刑"就是把脚砍下来的严酷刑罚。这天晚上,弥子瑕家里忽然来了一个人,告诉弥子瑕:"你的母亲现在病危,急等着让你回家看看,弄不好可能就见不着了。"弥子瑕听了,非常紧张,赶紧去找卫灵公。当时卫灵公睡得正香,鼾声如雷,弥子瑕怕惊动了他,惹他生气,当时就想:"我干脆来个先斩后奏吧。"弥子瑕坐上卫灵公的马车回家了,回家看完了母亲,同时安排好治病的事情,然后才回宫来。

回来后见到卫灵公,弥子瑕就跪

下了,说:"大王,我违反了您的法律,情急之下万不得已,未经您允许就驾用了您的车马,回家探望母亲去了。"旁边的人都替她捏了把汗,卫灵公瞅着弥子瑕,心里只有疼爱:"爱妃,你做得对,你这是大孝啊。你冒着罪名驱车回家探母,这样的孝心,天下谁能有啊。我不会怪罪的。"弥子瑕内心里很是欣慰。

过了几天,弥子瑕跟卫灵公一块儿游桃园,桃园的桃子都特别甘甜。弥子瑕看到一棵桃树上结了一颗大桃,上去把桃摘了下来,摘下来自己先咬了两口,然后把桃送到卫灵公的跟前,"大王,您尝尝这个桃,可真甜。"按说咬过了的东西,再给别人,是非常不礼貌的。卫灵公居然就接过来了。旁边有人告诉弥子瑕:"您这样做可能有点越礼,对国君不太尊重。"弥子瑕就问卫灵公:"大王,您对我给您吃过的桃子生气了吗?"卫灵公说:"我怎么能生气呢?你把咬了两口后的桃子给我,说明你先尝了,要是不甜的话就不会给我,这说明你非常爱护我。"弥子瑕听了非常高兴。

多年之后,弥子瑕老了,容颜姿色都衰退了,眼神也有些痴呆,不像以前那么灵活。卫灵公对弥子瑕就不像以前那么喜欢了,弥子瑕心里不平衡,有时候跟卫灵公顶撞几句,卫灵公更来气了。

卫灵公告诉弥子瑕:"你有罪,你知道吗?"

弥子瑕不服气:"我有什么罪?"

"当初,你未经我本人允许,居然驾着我的车马去探望你的母亲,论罪应该受刑刑。再说,你把一个桃咬了两口才给我,这是无礼之举,论罪当斩。"

弥子瑕当时就哭了,跪在地上说:"好吧,既然这样,你就杀了我,要不然就把我腿锯断吧。"

卫灵公冷冷地回答说:"我不用把你的腿锯断,我可以把你的死罪和刖刑免掉,但是你别留在宫中了,回

家吧。"就这样,他把弥子瑕打发回家了。

"色衰爱弛"这条成语说的就是上面的这个故事。"色"是容貌的意思,"弛"是松懈,减缓之意。它指靠美貌得宠的人,一旦姿色衰老,就会遭到遗弃。

咄咄书空
duō duō shū kōng

——出自《晋书·殷浩传》

殷浩是晋朝的一位中军将军,可是由于他得罪了朝中的权臣桓温,桓温便向皇帝参本,把他贬到了现在的浙江衢州去做平民。但是殷浩似乎并没有怨恨之意,他整天用手在空中瞎比画。他的外甥韩伯,先也不知道他在写什么,后来仔细观察,终于看出来了,他写的是"咄咄怪事"四个字,原来殷浩表面上没有怨恨,其实心里还是怨愤不已的。后来韩伯要到京都去一趟,殷浩就把他送到了江边,跟他说:"人要是富贵的时候,不认识的人都会过来找你,可一旦贫贱了,最近的亲戚都会离你远了。"他的意思是让他外甥韩伯到京都找权贵为他说说话,运作运作。

韩伯到了京都,见到了桓温。桓温问到殷浩,韩伯把情况详细说了,桓温觉得殷浩已经屈服了,所以准备让殷浩再回京都来做官,他给殷浩写了一封信,让他来京做官。殷浩接到这封信后,就想,我得向桓温表示一番感谢啊。于是也写了一封回信,他又怕桓温把自己的意思理解错了,又重写了一封。反复写了好几封,拿过信封不知装哪封信好,装进这封信

掏出来再装那封信，装完那封信再换这封信，装来装去最后只把信封寄走了。桓温最后一看殷浩的回信只有空信封，来气了，你这里边有寓意，你是想说跟我没话说，你还一直怀着怨恨呢，所以收回成命，不再提拔他了。就这样，东晋永和十二年，殷浩终于客死在他乡。

"咄咄书空"这条成语被后来人流传下来，形容失志、懊恨之态。

结草衔环
jié cǎo xián huán

——出自《左传·宣公十五年》、《后汉书·杨震传》注引《续齐谐记》

"结草衔环"这条成语，我们在很多戏曲唱词里都见过。其实这条成语包含两个故事，一个出自《左传》，另一个出自《续齐谐记》。

春秋时候，晋大夫魏颗的父亲叫魏武子。魏武子非常喜欢自己一个很年轻的宠妾，魏武子生病的时候嘱咐儿子魏颗说："我死之后，你一定要把她嫁出去。"不久魏武子病重，又对魏颗说："我死之后，你一定要让她为我殉葬。"等到魏武子死后，魏颗并没有把父亲的爱妾杀死陪葬，而是把她嫁给了别人。魏颗说："人在病重的时候，神智是混乱不清的，我嫁此女，是依据我父亲神智清醒时的吩咐。"

后来魏颗率晋军跟秦国作战，秦国的将领杜回带着人马，进攻晋国，双方在晋地辅氏（今陕西大荔县）一带交战，魏颗与杜回二人厮杀在一起，正难分难解之际，魏颗突然看见一位老人用草编的绳子套住杜回，这位秦国大力士于是站立不稳，摔倒在地，当场被魏颗俘虏了，魏颗于是大败秦师。晋军获胜收兵后的当天夜里，魏颗做了一个梦，在梦中见到了白天帮他结绳绊倒杜回的老人，老人说："我就是你把她嫁走而没有让她为你父亲陪葬的女子的父亲，我今天这样做是为了报答你的大恩大德！"这就是"结草"这个词的出处。

"衔环"典故则见于《后汉书·杨震传》中的注引《续齐谐记》，杨震的父亲杨宝九岁时，在华山的西部看见一只黄雀被老鹰所伤，坠落树下，杨宝过去一看，树底下是一个蚂蚁窝，

大话成语

这帮蚂蚁发现来了只伤鸟，认为这是天送来的食物，于是群起而攻之。但黄雀还没有死，它睁着乞求的眼睛瞅着杨宝。杨宝心想这也是一条生命，就把蚂蚁轰走了，把黄雀捧回自己家中，给它洗了伤口、上药、喂食、喂水，在家里好好养着。没过几天，黄雀缓过来了，伤势也养好了。再没过几天，黄雀会飞了，飞出去又飞回来，后来便飞走了。

忽然有一天晚上，杨宝正在屋子里读书，外面进来一个黄衣童子，向杨宝拜谢说："我是西王母的信使，当年西王母派我去蓬莱送信，没想飞到半道上不幸碰到老鹰，把我给伤了，幸亏你救了我的命，所以今天我报恩来了。"说着就拿出四个玉环子，说："这四个玉环，晶莹透明，是你后代子孙的象征，你的子孙也会像这玉环一样光彩照人，处世行事会像这玉环一样洁白无瑕。"后来果真如黄衣童子所说，杨宝的儿子杨震、孙子杨秉、曾孙杨赐、玄孙杨彪四代，都官至太尉，而且都刚正不阿、为官清廉，他们的美德也为后人所称颂。

后世将"结草"、"衔环"两个典故合在一起，形成一个成语，流传至今，比喻感恩报德，至死不忘。

举袂成幕　连衽成帷　挥汗成雨
jǔ mèi chéng mù　lián rèn chéng wéi　huī hàn chéng yǔ

——出自《战国策·齐策》

战国时期，苏秦到齐国去，劝说齐宣王和赵国结盟，以共同对付秦国。他知道，齐宣王对秦国太顺从，秦国无论说什么话他都听，因为秦国太强大。苏秦见了齐宣王后，说："大王，您齐国可太好了啊，方圆两千里的国土，地势险峻，物富民丰。南有泰山，北有渤海，东有琅玡山，西有汲水。几十万带甲的兵士守着国土，粮草堆叠如山。只说这临淄城，据说里边就有七万户人家。这七万户人家，一户人家出三个男丁，那就是二十一万男丁啊。这临淄城的大街上，人来人往，车水马龙，摩肩擦臂。这些人把袖子这么一抬，就像一块大幕一样，把人都挡住了。如果把他们的衣服底襟儿接在一起，就成了一座帷帐，也把人都挡住了。他们要是都出汗了，每人把汗一擦一抖，就像下了一场雨一样。齐国既然这么富强，您何必西向秦国而屈服于他呢？秦王就真那么厉害吗？其实齐国并不比秦国差啊。"

苏秦对临淄的描述，用到了"举袂成幕"、"连衽成帷"、"挥汗成雨"这三条成语。后人就用这三条成语形容人多势众的样子。

蜂目豺声
fēng mù chái shēng

——出自《左传·文公元年》

春秋时候，楚成王有一个儿子，是他的长子，叫商臣。商臣在楚成王的面前，说话好听，办事得力，所以楚成王想立长子商臣为太子，继承王位。

一天，楚成王找来大臣子上商量，说："我想立商臣为太子，你看怎么样？"子上说："大王，我觉得这个事不要着急，按说商臣是长子，您要想立他，这无可非议。不过依臣的拙见，您可以再等一等。我怕的是什么呢？将来您还要有儿子，您如果觉得哪个儿子比商臣资质还好，就应该把王位传给他。您如果过早地立了商臣，那您后来再改立次子或者是第三子、第四子就容易出麻烦。而且我觉得商臣不宜继承您的王位，我会看相，我看他蜂目豺声，绝非善类。蜂目豺声，就是说他的眼睛，长得像毒马蜂的眼睛一样，他说话时的声音，就像豺狼的叫声，太难听了。长着这样的眼睛、发出这样声音的人，肯定不会善良的，他继承您的王位，后果不会好。"楚成王没有听子上的意见，还是立了商臣为太子。

后来，楚成王又认为职才是自己最好的儿子，就想改立太子，把商臣给废了，立最小的儿子职为王位的继承人。商臣听到这个消息后，马上跟他的老师一合计，搞了一次宫廷政变，居然逼着楚成王自杀了。这样一来，商臣最后继承了王位，也就是后来的楚穆王。

"蜂目豺声"就出自这里，意思是眼睛像蜂，声音像豺，形容坏人的面貌声音。

故剑情深
gù jiàn qíng shēn

——出自《汉书·外戚传上》

西汉的汉武帝是位雄才大略的皇帝，但是汉武帝有个毛病，迷信，整天信神信鬼，所以他在位的末期，出了一个"巫蛊之狱"。"巫蛊之狱"是什么呢？汉武帝有个大臣，叫江充，江充跟太子不和。有一回汉武帝生病，江充不安好心地说："您这个病是有原因的，肯定有人在背地里诅咒您，按您的样子做成一个木偶，埋到地下，成天诅咒您，您就得病了。"汉武帝听了，便让江充去细查这件事。结果江充在太子府里边挖出一个木俑来，太子知道江充是在栽赃陷害他,想要杀江充,却没有得手,最后汉武帝派兵剿灭了太子。

太子死了,和太子相关联的人,他的儿子,他的后代,以及所有的亲属,该杀的杀,坐监的坐监。其中汉武帝的一个曾皇孙尚在襁褓中,汉武帝还算不错,把这孩子饶了,只是贬为平民。太子被废了以后,汉武帝最小的儿子继承了帝位,就是汉昭帝。没过几年,汉昭帝死了,没有人继承帝位。大将军霍光当时掌握朝廷大权,就把那个贬到民间的曾皇孙找回来当皇帝,这就是汉宣帝。

这时候汉武帝曾皇孙已经长大了,而且娶了妻子,妻子叫许平君。当时霍光的妻子,想让自己最小的女儿当皇后,就让霍光做大臣们的工作。当朝廷议论立皇后的时候,众位大臣纷纷向汉宣帝推荐霍光的幼女,可汉宣帝并不愿意这样做,汉宣帝知道,霍光的小女儿如果当了皇后,就等于霍光在自己身旁安插了一个特务,所以汉宣帝当时没有答应,也没有正面回应众大臣的建议,但他跟大臣们说:"我是当过一段时间平民的,我很想把我做平民时使用过那把旧剑找着,现在你们都给我找那把旧剑去吧。"这句话一说,大臣们便开始揣度皇帝的心理,觉得皇帝是旧情难忘,最后大臣们一议论,还是投皇帝所好,就都支持许平君做皇后。转过年来,许平君就怀孕了。

霍光的妻子想让自己女儿当皇后的心却没死,她知道皇宫里边有一个专门伺候皇后的女侍人叫淳于衍,淳于衍的男人曾经受过霍光的恩情,后来能当上掖庭护卫,也是霍光帮的忙。可她男人还想升官,想当安池监,就让他媳妇去走霍光夫人的后门,霍光夫人答应了,

大话成语

但交换的条件是让淳于衍给许皇后下毒。果然,在许皇后生完孩子后,淳于衍进补药,药里边加了一味附子,附子本身无毒的,但和补药一中和就有毒了,皇后喝了加附子的补药后,中毒而死。后来,霍光的妻子到底把自己小女儿替补到了皇后的位置上。"故剑情深"的故事留下了一个悲伤的结局。

"故剑情深"指不喜新厌旧,比喻结发夫妻情意深厚。

六月飞霜
liù yuè fēi shuāng

——出自北宋·李昉《太平御览》

战国年间,齐国临淄有个人叫邹衍,擅晓阴阳之术,懂得五行八卦,很多人对他都抱有崇敬。邹衍靠着这个本事在各国行走,后来来到了燕国。燕王对他很器重,打算把他留下重用,邹衍一看燕王对自己很好,也就留在了燕国。燕王还给他单独修了一个住处,每逢有什么大事,都跟他在此谈论。

这样一来,燕国很多的文武大臣就起了嫉妒之心。有的大臣就向燕王进谗言,说邹衍是奸细,是为了刺探燕国的内部军情而来,把他留在燕国,是个心腹大患。有的大臣还给他编出来一二三四,有凭有据。谣言编造得细致了,就跟真事一样,燕王当时不信也得信,于是马上降旨,把邹衍关进了监牢。邹衍自己心里明白是背屈含冤,就在监牢里放声大哭起来,当时是六月天,天气特别热,但外边竟突然阴天,飘起雪花来了,所以就叫"六月飞霜"。

"六月飞霜"是说人有大冤屈,在人间不能昭雪,上天却做出反应,以反常的天气向人们表示,有人受了冤枉的。旧时比喻世间有冤狱。

切齿拊心
qiè chǐ fǔ xīn
——出自《战国策·燕策》

战国时期，燕国的太子丹曾经在秦国做人质，在秦国受到的是非人的待遇，他难以忍耐，最后就跑回燕国。他认为秦国的实力强盛，很多国家就要被秦国灭亡，秦国的大军正向赵国进发，他已预见到赵国快要灭亡，而赵国和燕国接壤，紧接着灭亡的就该轮到燕国了。

太子丹就想派人刺杀秦王嬴政。于是他找到自己老师，跟他老师商量，他老师推荐了一个名士，叫田光。燕太子丹跟田光说了刺杀秦王的事，田光认为自己能力不够，又推荐了一位勇士，叫荆轲。太子丹就让田光去找荆轲，还叮嘱他千万不要把刺杀的事情泄露出去，田光跟荆轲一提，荆轲满口答应。田光怕知道这件事的人多了，刺秦王的事容易泄露出去，就自尽身亡了。田光一死，荆轲很受震动，他马上找到太子丹说："如果要去刺杀秦王，得有几个条件：第一，得有一件好兵器；第二，得有一个好理由。"

太子丹便先为荆轲找寻兵器。有一个赵国人叫徐夫人，他有一把匕首，据说是家传的宝物，能削铜剁铁、斩金锉玉。太子丹把徐夫人的匕首搞到手后，同时用毒药把它煨了，煨完了之后，又用匕首对死刑犯试了一次，只拉了一个小口子，犯人当场就死了。好的兵器有了，接着就得找理由。要刺杀嬴政，首先得能见得到他，以什么理由能见到嬴政呢？荆轲想了个办法，他对太子丹说："秦国一直对我们督亢地区很有野心，我们就把督亢的地图献给嬴政，

大话成语

说愿意把这块地方献给秦国。同时,还有一件能使秦王相信我们的事情,秦国的大将军樊於期,是你领到燕国来避难的,樊於期全家都被秦王杀了,现在秦王悬赏万两黄金要他的脑袋,我们把樊於期的脑袋送到秦王那去,他就会更相信我们。"燕太子丹一听,说,"这哪儿行,樊於期相信了我,我才把他带到燕国来避难,我再把他杀了,这不是君子所为。"

荆轲就单独去见樊於期,对他说:

"将军,您全家都被嬴政杀了,您现在恨不恨秦王嬴政?"樊於期说:"我切齿拊心,恨透了他。"就是说恨得无以复加,牙都咬碎了,心都恨烂了。于是荆轲把自己的想法说出来,"我想要您的人头,作为觐见之礼,好去刺杀嬴政。"樊於期听完立即说:"好,只要能给我家报仇,我的头随便给你。"他抓起刀就自尽了。

"切齿拊心"就出自樊於期说的话,形容咬牙捶胸,极端痛恨的样子。

图穷匕见
tú qióng bì xiàn
——出自《战国策·燕策》

这次说的成语"图穷匕见"也叫"图穷匕首见",说的还是荆轲刺秦王的故事。

上面提到荆轲做好了刺杀秦王的准备,便起程奔赴秦国首都咸阳,秦王嬴政一听燕国派使者把樊於期的头颅和督亢的地图都送来了,十分高兴,就命令在咸阳宫接见荆轲。

当时陪着荆轲来的还有一位燕国勇士叫秦舞阳,可秦舞阳一见秦国朝堂威严的样子,不由害怕得发起抖来。嬴政左右的侍卫一见,吆喝了一声,说:"使者为什么变了脸色?"荆轲回头一瞧,果然见秦舞阳的脸又青又白,便对秦王赔笑说:"粗野的人,从来没见过大王的威严,免不了有点害怕,请大王原谅。"秦王就高兴起来,对荆轲说:"叫秦舞阳把地图给你,你一个人上来吧。"荆轲从秦舞阳手里接过地图,捧着木匣上去,献给嬴政,秦王打开木匣一看,果然是樊於期的头颅,嬴政又叫荆轲拿地图来。荆轲把一卷燕国的地图慢慢打开给他看，等到地图全都打开时，荆轲预先卷在地图里的那把匕首就露出来了。这就叫"图穷匕见"。

荆轲抄起匕首，一把把秦王袖子抓住，荆轲说："你一直想并吞诸国，今天你必须在这立下字据，从此不准侵吞燕国！"秦王吓坏了，往后一撤身，使劲一拽，一下子把这个袖子给拽断了。荆轲拿着匕首去刺秦王，秦王使劲地向后一转身，跳过旁边的屏风，就要往外跑。荆轲拿着匕首追了上来，秦王一见跑不出去，就绕着朝堂上的大铜柱子跑，荆轲紧紧地逼着，两个人像走马灯似的直转悠。

当时旁边虽然有许多官员，但也都手无寸铁；按秦国的规矩，台阶下的武士，没有秦王的命令是不准上殿的，大家都急得六神无主，也没有人敢召台下的武士。官员中有个伺候秦王的医生，急中生智，拿起手里的药袋对准荆轲扔了过去，荆轲用手一扬，那只药袋就飞到一边去了。就在这一眨眼的工夫，秦王往前一步，拔出宝剑，砍断了荆轲的左腿。荆轲站立不住，倒在地上，拿匕首直向秦王飞刺过去。嬴政往右边一闪，匕首从他耳边飞过，打在铜柱子上，"嘣"的一声，直进火星儿。秦王见荆轲手里已没有武器，又上前向荆轲砍了几剑。荆轲身上受了八处剑伤，知道自己已经失败，苦笑着说："我没有早下手，本来是想先逼你退还燕国的土地的。"这时候，侍从武士已经一起赶上殿来，结果了荆轲的性命。而台阶下的那个秦舞阳，也早就被武士们杀了。

"图穷匕见"这条成语就出自这里，比喻事情发展到最后，真相或本意显露了出来。

大话成语

枕戈待旦　先我着鞭
zhěn gē dài dàn　xiān wǒ zhuó biān

——出自《晋书·刘琨传》

这次说的成语"枕戈待旦"和"先我着鞭",都来自一个故事。

刘琨是晋朝非常有名的将军,文武全才,既可以领兵作战,也可以提笔作诗。有一次,刘琨在晋阳地方和胡兵作战(古时候把北方的少数民族泛称为胡人),胡兵人马很多,把晋阳包围了。刘琨城中守军很少,想突围又突不出去,刘琨就想了个主意,他在晚上走上城墙,吹起胡笳,胡笳是胡人常用的一种乐器,吹起来声音很凄凉。吹完了胡笳,他又唱起胡人的思乡之曲。胡兵们听了,就开始想家,一个个都无心在晋阳城下作战。第二天晚上刘琨又上了城头,先吹胡笳,后唱思乡曲。过了两天,不光是胡人的士卒不想打了,连胡人的主帅都不愿意围城了。到了第三天,胡兵都撤退了。

刘琨年轻的时候,有一个最好的朋友叫祖逖。他曾经跟祖逖在一起练过武,后来两个人又一起当了将军。祖逖北上中原,建立了功业。刘琨给他的亲戚写信,他在信里这样说:"我这个人,为国家尽心竭力。作为武将,经常

把自己的兵器枕到脑袋底下，一直睡到天亮，为什么这样呢？目的就是提高警惕性，随时准备战斗，一旦敌人来了，马上可以拿起兵器作战。我这样努力，就是害怕祖逖走到我前边去，他先我着鞭，我就赶不上人家。可是现在我看到了，祖逖真是先我着鞭往前走了，他建立的功业比我建立的要大很多。"这些话都体现了刘琨的精神境界，看着人家好，并不是出于嫉妒，而是向人家学习。有的人是"你好，我比你还好"，另外一种人，则是"你好，我不让你好"。这后一种人就不可取了，而前一种人，就是像刘琨这样的。

"枕戈待旦"说的是当年刘琨提高警惕，随时准备战斗的事情。而"先我着鞭"，就是说刘琨看到祖逖积极建功立业而奋起直追。上面就是这两条成语的出处。

"枕戈待旦"意思是立志杀敌，枕着武器睡觉等天亮，形容时刻准备作战。"先我着鞭"则比喻快走一步，占了优先。

面无人色
miàn wú rén sè

——出自《汉书·李广传》

汉朝的将军李广以善射而出名。据说李广射箭，百发百中，能一箭射死老虎。有一次，李广路过野地，看到草丛里边好像有一只老虎，其实只是块石头，李广一箭射过去，这箭愣射进石头中去了，拔都拔不出来，李广自己都奇怪。后来怎么再射，都射不进去了。李广不仅善射，而且在疆场上立了很多功劳，汉文帝曾经说过这样的话："李广啊，你生不逢时。如果你要出生在高祖创业的时候，就凭你这弓箭功夫，封你做万户侯那都是小的。"

大话成语

汉文帝之后是汉景帝,汉景帝之后是汉武帝。李广一直做边境的郡守,汉朝和匈奴搭界地方的几个郡都是他在那里当太守,匈奴人惧怕他,送他一个外号叫飞将军,意思是他带兵骑马来得快,同时也是说他箭射得快。李广带兵很有办法,待遇上是官兵一致,他经常得到上级的赏赐,上级给他什么赏赐,他就把这些赏赐都分给手下的将官士卒们。打仗时什么情况都会遇到,比如断水断粮,一旦发现了水和粮,李广绝不是自己先喝先吃,而是让士卒们先吃先喝,而他总排在最后,所以大家都很敬慕李广。

有一回李广和张骞两人兵分两路,进攻匈奴。匈奴的左贤王设好了埋伏,李广带着4000人,碰到了左贤王的伏兵40000人,李广被包围了。匈奴人喊话劝降,李广手下的4000人,知道自己被40000人包围了,全都吓坏了,一个个脸都吓得煞白,脸上都没了正常的颜色。这些士卒以为自己活不了了,但是此刻李广非常沉着,他激励大伙说:"怕什么?有我在,他们不能把我们怎么样,更何况张骞将军的救兵马上就到。既已被困,大家就得以死相拼。"说完话,李广摘弓抽箭,先把一个敌将射下马,士卒们提高了斗志,大家合力往外冲杀。这一阵冲杀,李广的士卒死了不少,但是最终也等到了张骞的援军,突出了重围。

"面无人色"这条成语就是形容李广手下的士兵发现自己身处险境时非常惧怕的状态,意思是脸上没有一点血色,形容恐惧到了极点或非常虚弱。

移花接木
yí huā jiē mù
——出自《战国策·楚策》

战国楚国考烈王在位的时候,宰相是春申君黄歇。春申君当时在各国非常有名望,他对楚考烈王是一片忠心。楚考烈王一直没儿子,春申君为这个事情很费了一番心机。最初,他向楚考烈王进献了几个美貌的女子,但楚考烈王还是没生儿子。春申君门下有很多食客,其中有一个食客叫李园,李园也知道春申君整天在为楚考烈王的继承人问题犯愁。

有一回李园回老家赵国探亲,再回来时超过假期了,春申君问他:"你怎么回来晚了?"李园跟春申君解释说:"哎呀,别提了,都是因为我妹妹,长得太漂亮了,这提媒的人就推不出门去,因为这个事啊,我就多耽误了几天。"春申君一听,就动心了。过了几天,李园把妹妹领来了,果然长得非常漂亮,可以称是绝色佳人,春申君眼睛就有点发直,李园马上明白了意思。过后李园跟春申君说:"如果您不嫌弃的话,我就让我妹妹侍奉您吧。"春申君高兴地答应了。

过了一段时间,李园的妹妹对春申君说:"我知道,您非常喜欢我,我也很爱您,正由于爱您,我想和您说一件大事。您当宰相已经二十来年了,您为官清正,肯定这二十来年得罪了不少的人。可是眼下,楚王没有后代,将来楚王一死,谁来继承他的王位呢?谁也不知道。而以后继承他王位的这个人能不能重用您,可就说不定了。如果他不重用您,那您这二十多年当宰相得罪的一些小人们有可能爬上来,您的日子可就不好过了。"春申君万万没有想到一个女流之辈能有这样的远见卓识,连忙请教。李园的妹妹一开始还不愿意说,经不住春申君再三请求,只好说道:"我现在已经有身孕了,我想,你可不可以把我献给楚王?献给楚王后,我以王后的身份把这孩子生下来,这个孩子就有可能被立为太子。将来楚王一死,他就继承了王位,而实际上他是你的骨血,你想想,你的儿子对你能差得了吗?将

大话成语

来你就可以继续当楚国的宰相,甚至还能当上楚国不挂名的太上皇。"

过了几天,春申君就把李园的妹妹进献给了楚王,而她果然生了个男孩儿,楚王更高兴了,把她立为王后。李园的妹妹立为了王后,李园也掌握了大权。春申君门下有一个门客叫朱英,朱英见了春申君就说:"这世上有意想不到的福,也有意想不到的祸,还有意想不到的人,您知道吗?"春申君很纳闷,"你这话什么意思?"朱英回答:"意想不到的福,是您在楚国做了二十多年的宰相。意想不到的祸,是李园的妹妹进了宫生了王子,李园把这事情对我说了,您以为这是个好事,我却认为这是个大祸,将来楚王一死,我想李园肯定要加害于您。那意想不到的人,就是我

了,您要是想扭转这件事,可以把我推荐到朝中做官,我就可以左右李园。"春申君一听就笑了:"李园这个人,我很了解,他胆小怕事,不会加害于我的,更何况最初是我们俩计划的这件事呢。"朱英只好告辞离开了楚国。

不久,楚考烈王驾崩,楚考烈王一死,李园就派人告诉春申君进宫。当春申君进宫的时候,走到棘门这个地方,被李园派出的埋伏在那里的武士乱刀杀死。春申君最后就落了这么一个悲剧的结局。

上面故事中李园和春申君合谋之事即为典型"移花接木"的伎俩,"移花接木"本来指把一种花木的枝条或嫩芽嫁接在另一种花木上,比喻暗中用手段更换人或事物来欺骗别人。

噤若寒蝉
jìn ruò hán chán
——出自《后汉书·杜密传》

杜密是东汉时期的一位清官,曾经做过北海相,还做过泰山太守,他为官清廉,一心秉政,执法森严。当时东汉末年,很多地方官员深谙为官之道,生怕得罪了权势。杜密可不管这个,他的管辖区域之内,只要有人犯了法,他立即惩办。

杜密的辖区内,有很多胡作非为的人都是有后台的,平素有恃无恐。可杜密不顾这些,严办了几个人。杜密这一严办,就得罪了朝中的官宦们。这些官宦们听说了自己的亲属给办了罪,就觉得杜密不讲情面,于是在皇上跟前使劲地说杜密的坏话,造谣生事。最后皇上一生气,将杜密贬为平民。

杜密回到老家颍川阳城,阳城的郡守王昱对杜密非常尊敬,因为他敢于抗上、刚直不阿,所以两个人经常一起谈论天下大事。当时,阳城地方又回来一位朝中的官员叫刘胜,官居大夫,比杜密职务还高。刘胜跟杜密

完全不一样,深居简出,平常大门都不开。偶尔王昱郡守去找他议论点事情,刘胜也是嘻嘻哈哈,言不由衷。对什么事情不说好,也不说坏,整个就是明哲保身的态度。

这天王昱跟杜密两个人又一起闲聊,王昱故意地说起刘胜,并称赞刘胜是清高之士。杜密便对王昱说:"刘胜地位很高,但我认为他是一个罪人。他从来没说过谁好,也没说过谁坏。遇见好人他不推荐,遇见恶人他也不指责。据我所知,下完了雪后,他扫雪都只扫自家大门里边的雪,门

外边的雪他是动都不动的。这样的人要是做了官,他能干什么啊?他胆子太小了,就像深秋的蝉一样,翅膀也不动了,也不敢叫了,整天冻得直打哆嗦。这样一个人要是去做官,绝对做不出业绩来。所以我认为,他只是一个罪人。"王昱听了这番话,很是敬佩,从此更加厚待杜密了。

"噤若寒蝉"就出自杜密对刘胜的评价,字面意思是说像深秋的蝉那样一声不吭,比喻因害怕有所顾虑而不敢说话。

龙泉太阿

lóng quán tài ē

——出自《晋书·张华传》

张华是晋武帝时期的宰相,博学多才,知识非常丰富。据说,晋武帝司马炎有一回问张华汉朝宫殿和宫门的名字,张华立即脱口答出,接着司马炎又问他汉朝的宫殿都是怎么修的,张华就从未央宫谈起,把汉朝宫殿的名字设置都说了出来。他怕晋武帝司马炎不明白,干脆铺上一张纸,提起笔画了一幅汉宫图,满朝文武大臣全都服了。

当时晋武帝司马炎准备兵发东吴,一统天下。但是朝中的文武大臣意见不统一,有的人说,夜观天象,斗牛之间有一股紫气,象征着东吴还很兴盛,不能发兵。古代的皇帝都很迷信,听这么一说,晋武帝就拿不准主意了。但是张华当时力主伐吴,张华说:"陛下,您可别听这个。斗牛之间有紫气,未必就应在东吴的皇帝身上。东吴现在弱势,我们强势,如果不趁着这时候发兵把他灭掉,将来东吴养精蓄锐、羽翼丰满,我们想灭还灭不了呢。"晋武帝斟酌再

三,最后决定发兵,真就把东吴给灭了。但是夜观天象的大臣说,斗牛之间的那股紫气还存在。张华也觉得这里边必有问题。

张华就去请教一个非常有名的星象术士雷焕。雷焕告诉张华,说斗牛间的这股紫气,不应在任何人身上,可能是一种宝物。由于宝物的存在,这股紫气才直冲霄汉,宝物很可能是一柄宝剑,可能藏在江西丰城一带。

张华就让雷焕去当丰城的县令,负责把这柄宝剑找出来。雷焕勘察了很久,最终定位在一个监狱的旧址上,他让人往下挖,一直挖到四丈深的时候,发现了一个石匣,打开石匣一看,里边有一对宝剑,宝剑出了剑鞘,寒光逼人。人们在一个大木盆里倒上水,然后把宝剑往水里一放,五彩光芒往外四射。剑上面还刻有名字,一名"龙泉",一名"太阿"。雷焕就将一柄剑留给了自己,另一柄剑送给了张华,这就是"龙泉太阿"这条成语的来历。

"龙泉太阿"这条成语告诉人们,宝物的灵光宝气是隐藏不住的,也表示一个人若有才华,是埋没不了的。

青鸟使者
qīng niǎo shǐ zhě

——出自唐·欧阳询《艺文类聚·鸟部》

汉武帝在历史上是有名的皇帝,但他非常迷信,经常搞一些祭神拜仙的活动,还炼丹吃药。有一回汉武帝斋戒完了,正准备要服丹药,突然有一只鸟飞了进来。这只鸟围着宫殿飞了一圈,最后落在房檐上。汉武帝一看这鸟,黢黑儿的,小红脑袋,黄嘴,眼睛烁烁放光,羽毛也闪闪发亮。鸟儿瞅着汉武帝好像要说什么,汉武帝就奇怪了,把大臣东方朔找来。东方朔是一个聪明机智又有文才的人,而且还很幽默,东方朔一看这鸟,就说:"哎呀!这可不是一般的鸟。这是西王母驾前的青鸟,西王母驾前有三只鸟,其中的青鸟长得就是这样。浑身上下往外闪青光,红脑门,黄嘴,它的眼睛瞪着您,那是给您送信来了。当年西王母和穆天子两人曾有一次相会,相会之前就是这只鸟先给送的信儿,让对方做准备。今天这只鸟往您这儿来,是西王母快要来了,陛下你快点做准备吧。"

汉武帝一听,当时可高兴了,马上吩咐打扫宫殿,做好准备迎接西王母到来。时间不长,就听见天上一阵鼓乐之声,紧跟着祥云飘飘而下,穿戴得珠光宝气的西王母,直奔汉武帝而来。

这只是传说故事,真假暂且不说,但"青鸟使者"这条成语可是留下了,专指传递书信的使者。

绠短汲深
gěng duǎn jí shēn

——出自《庄子·至乐》

有一回,孔子的得意门生颜渊到齐国去见齐侯,跟齐侯谈论国家大事。颜渊走了之后,孔子吃不下,睡不着,整天皱着眉头。弟子们就奇怪了,颜渊走了老师怎么愁眉不展呢?子贡就问孔子:"老师啊,我发现您这两天情绪不对,颜渊走了之后,您整天没个笑模样,您在想什么啊?"

孔子说:"你们不知道,我在想颜渊呢。颜渊到齐国去跟齐侯谈论国家大事,这齐侯跟颜渊能不能谈得来呀?你们要知道,人与人之间的谈话,得有个等同,两个人的知识文化得差不多才能谈得来。鲁国海里有一种鸟,有人抓住这种海鸟之后,把它们供在庙堂之上,他们对这海鸟要待若上宾,整天请来乐队给海鸟奏乐,从早上吹拉敲打到晚上,海鸟吓得在笼子里直扑楞,然后又杀猪宰羊,给海鸟大排宴席,让海鸟去吃肉,三天后这只海鸟就被他们折磨死了,因为他们不懂得海鸟的习性。这就好像鱼在水里能自由游动,但要是把人也扔在水里边,让他像鱼那样游动,肯定就不行!用不了多久,这人肯定要淹死。所以颜渊到齐国去跟齐侯论辩,我就想,齐侯对颜渊,他们两个能不能谈得来?弄不好啊,绠短难以汲深啊。"

到井里去打水,在桶上拴的那根绳子,叫"绠",这根绳子要是短了,去打深井的水,就够不着,这就是孔子说的绠短汲深。孔子说这句话的意思,是担心齐侯很短浅,打不着颜渊这只深井的水。"绠短汲深"这条成语就留下来了,它是说吊桶的绳子短,打不了深井里的水,比喻能力薄弱,难以担任艰巨的任务。

暗度陈仓

——出自《史记·淮阴侯列传》

楚汉争霸之前,项羽和刘邦联手把秦灭了,项羽封刘邦到汉中做汉王。从关中到汉中去,只有一条路,而且这条路是栈道,就是依靠着陡立悬崖的山壁,在上边砸进木头,然后在木头上面架上板子铺的这么一条路,据说这条路有三百里,除了这条路外再没有别的道路。项羽之所以把刘邦封到那里去,意在让刘邦进去就别出来了。刘邦当时的势力很弱,也不敢反驳,带着队伍就去汉中了。刘邦往里走的时候,听从了张良的建议,为解除项羽的疑心,把栈道都烧了,表示不再离开汉中。

项羽知道以后很放心,高兴地回老家去了,只留章邯在关中守卫着。刘邦到了汉中之后,拜韩信为大将军。其实韩信最早是项羽帐下的执戟郎官,曾经向项羽进献过计谋,但项羽一直不听,韩信就离项羽投刘邦去了。在刘邦部队去往汉中的路上,韩信碰上一个打柴的

古话成语

樵夫，樵夫告诉他从陈仓那个地方可以走小路进关中。

韩信登台拜将后，就下命令开修栈道。修栈道的目的是什么？是吸引项羽的人马注意。修栈道的工程很大，一修栈道，马上有人把消息报告给章邯。章邯就在栈道出口处布兵，想等刘邦修到一半的时候，就开始进攻。

其实韩信暗地里已带着队伍，从陈仓顺着山间崎岖小路，也就是当年那个樵夫指给他的那条路，偷偷地出兵了。当韩信的人马犹如神兵天将一样出现在章邯跟前的时候，章邯猝不及防，不知道韩信的兵从哪来的，仓促应战，结果很快就被韩信打败了。

这就是成语"暗度陈仓"的出处，又叫"明修栈道，暗度陈仓"。意思就是指正面迷惑敌人，而从侧翼进行突然袭击，亦比喻暗中进行活动。

九牛一毛
jiǔ niú yī máo
——出自西汉·司马迁《报任安书》

西汉汉武帝时候，北方的匈奴经常侵扰汉朝的国土。有一次，汉武帝派李陵带着5000人马去抵御匈奴。李陵是当时汉朝的名将，他的祖父是飞将军李广。李陵带着队伍到了边境上跟匈奴交战，开始的时候，是连连得胜，捷报频频地传到金殿之上，汉武帝非常高兴，当着满朝文武群臣，一再夸奖李陵如何如何勇敢，怎样怎样为国尽忠。许多大臣都凑趣地吹嘘皇帝英明，善于用人。

后来匈奴首领集聚80000人马，包围了李陵的5000人，敌众我寡，李陵想要突围非常困难，他带着兵士们在包围圈里左冲右突,激战了十几天,最终人马损耗殆尽,箭尽粮绝。李陵也被匈奴擒获了,擒获之后,他投降了匈奴。

李陵战败的消息传到了朝廷。汉武帝非常生气,很多大臣就反过来责骂李陵的无用和不忠。汉武帝决定把李陵全家抄斩,这时太史令司马迁站在旁边一声不吭,汉武帝便问他对此事的意见,司马迁爽直地说李陵只有5000步兵,被匈奴80000骑兵围住,还抵抗了十几天,杀伤了一万多敌人,实在是一位了不起的将军。最后因箭尽粮绝,归路又被截断,才停止的战斗,看来李陵不是真投降,而是在伺机报国,他的功劳是可以弥补失败之罪的。司马迁的一番话把汉武帝给惹急了,汉武帝一怒之下给司马迁动了大刑,这种刑是最惨的一种刑罚,叫腐刑,又叫宫刑,就是把男人的生殖器割掉。

司马迁感觉蒙受了莫大的耻辱,他最好的朋友任安写了一封信来安慰他。司马迁在回信里写了这样的话,"我所受的这种刑罚,是诸刑当中最侮辱人的一种,我本应该死的,但我为什么还坚持活着呢?我的祖上,不过是星相术士,按说,像我这样出身寒微的人,死了犹如九牛之亡一毛,与蝼蚁何异?人固有一死,或重如泰山,或轻如鸿毛。我自己觉得还有一件事情要做,我要把史书写出来,这种力量才促使我活下来了。"司马迁勇敢地生活下去,终于完成了空前伟大的历史著作——《史记》。

"九牛一毛"即出自此处,就是说九头牛身上的一根毛,比喻极大数量中极微小的数量,微不足道。

大话成语

沧海遗珠
cāng hǎi yí zhū
——出自《新唐书·狄仁杰传》

狄仁杰是唐朝历史上非常有名的大臣，最初他做汴州参军，是个地方武官，职位不算高，当时有人到朝廷里边诬告狄仁杰，说他有很多的问题。朝廷便派了一个叫阎立本的官员，把狄仁杰解到京师调查此事。狄仁杰到京师之后，一条一款地把别人诬蔑他的问题，都解释清楚了。阎立本说："孔子说，从一个人犯的错误就可以断定这个人是否仁义，根据错误的性质，可以看出这个人是什么样的人。"他通过对狄仁杰的审问，认为狄仁杰是沧海中的遗珠，就是大海里边人们没有找到的一颗明珠，他觉得狄仁杰是一个难得的人才，最后狄仁杰不但没被治罪，反而被提升为并州法曹参军。

并州当时还有另外一位参军，姓郑。一天，郑参军接到上级命令，让他出使西域，路途遥远，交通工具也不方便，一去最少一年半载，甚至一年两年都有可能。郑参军心里有点着急，因为他家里的老母亲正卧病在床，如果他走了，就无法尽孝了。郑参军把这件事情无意中向狄仁杰透露了，狄仁杰就找到他的顶头上司蔺仁基说了郑参军的具体情况，提议自己代替郑参军去出使西域，蔺仁基

很受感动，于是就同意了。

后来有人评价狄仁杰说："狄公之贤，北斗之南，一人而已"。北斗，就是北斗七星，北斗七星再往南的那颗星就是紫微星，一般是指代皇帝的，却被拿来评价狄仁杰，可见其影响。

"沧海遗珠"这条成语从当时人对狄仁杰的评价中流传下来，现在比喻埋没人才或被埋没的人才。

国士无双
guó shì wú shuāng

——出自《史记·淮阴侯列传》

秦末，刘邦和项羽两人合力把秦朝灭了之后，项羽把刘邦封到汉中做汉王，但是刘邦到了汉中以后，并不想在汉中久待，他想着杀出汉中和项羽争夺天下。只是当时实力还不够，所以刘邦在汉中贴榜招贤，果真有不少贤士来投奔他，其中就有韩信。韩信原来在项羽帐下做执戟郎官，受张良的推荐而来到这里。丞相萧何和韩信交谈几次以后，发现韩信有大才，应当受到重用，于是萧何就向刘邦推荐韩信。但是刘邦觉得韩信原来不过是项羽帐下站岗的一个执戟郎，就只让他当了个治粟郎，是个管理粮食的小官，后来韩信把粮食管得不错，就又提升他为治粟都尉，用现在的话说也就是粮库主任，可还只是个小

官。韩信是心怀大志的人,不想这么把青春耗下去,于是就跑了。

萧何知道韩信跑了的消息后连夜催马追赶,这一追,一宿没回来。原来刘邦到了汉中之后,因为手下的很多人都不是本地人,加上非常思念家乡,生怕老死于此地,所以有不少开小差的。当时有人向刘邦禀报,说韩信跑了,刘邦并不以为然,过了一会,又有人报告说萧相国也跟着跑了,刘邦这次吓坏了,萧何是他的左膀右臂啊,这对刘邦的打击可太沉重了。正在刘邦又急又气的时候,萧何回来了,刘邦问萧何:"你上哪去了?"萧何说:"我追韩信去了,韩信是人才难得,国士无双。在我们国家内部,再找不着第二个这样的,没有他,我们是不可能统一天下的。"韩信最后被刘邦拜为大将军,也的确为汉朝的建立立下了汗马功劳。

"国士无双"就出自这里,它专指一国中独一无二的人才。

居官守法
jū guān shǒu fǎ

——出自《史记·商君列传》

战国时期,秦孝公在位的时候,实行了著名的"商鞅变法"。商鞅本姓公孙,叫公孙鞅,他原来是卫国人,所以有人也叫他卫鞅。商鞅少有奇志,见到秦孝公的时候,向秦孝公说明了变法主张。秦孝公听完商鞅一席话,觉得很有道理,便准备按商鞅说的变法方针去施行。

商鞅变法里的很多条款,在今天的史书里能找到,主要的几条有"有藏奸者,腰斩"。"奸",就是外国来的间谍,或者是对国家有危害的人,如果你把他藏起来,不往上报,那么对你的惩罚就是腰斩,这是一条。再有一条,如果个人本事大,除了自己的本职工作之外,还能够做一些别的事情,那么根据你劳动量的大小,国家要给赏赐,还有一种情况,百姓之间如果因公事而有争执,国家也要给嘉奖,若因私事斗殴,双方都要从重判罪。

商鞅的一系列变法主张,却触犯了秦朝旧贵族的利益。所以在讨论变法主张的时候,以甘龙为首的一帮官员就说:"我们当官的一向遵守的是从古代延续下来的法律,如果没有这些法规,我们还叫什么官员呢。现在平白无故改变这些章程,恐怕效果不会好。"商鞅马上反驳说:"为官守法,这是做官的人遵循的基本原则。但是为官只知道守法而不知道变通,那将来这个国家也是要亡国的。因为古代的法律是根据彼时彼地的情况来制定的,到今天,周围的情况都变化了,法律规章当然也需要变化。如果老遵循那些旧章程,我们的国家就不会有新起色。"商鞅的一番辩论使秦孝公觉得商鞅说得很有道理。最后,秦孝公决定按照商鞅所说,在孝公三年开始变法。

整个变法过程中,商鞅遵循着"言必行,行必果"的原则,秦国逐渐地富强起来了,生产力发展很快,

后来成了列国之中的最强国。老百姓为私事打斗的事情基本也没有了,因为他们都知道,为私打架马上会全被抓起来。而且官宦人家也知道如果不想着再为国立功,那也享受不到所谓的高级待遇了。商鞅变法在一段时间取得了很大的成就。

"居官守法"这句成语就从这里边来,指做官要遵守法律法规。

忠言逆耳
zhōng yán nì ěr

——出自《史记·留侯世家》

秦朝末年,刘邦和项羽两个人分两路出兵进攻咸阳。刘邦首先攻入了咸阳,秦朝的最后一个小皇帝孺子婴向刘邦敬献了自己的玉玺,刘邦进了秦朝的皇宫,一进来,刘邦受到很大震撼!皇宫修得十分豪华,巍峨至极。刘邦是出

大话成语

身底层的亭长,用现在的话说,也就是村长出身,哪里见过这样的处所,前后左右,看也看不过来,陈设摆列的,又都是价值连城的东西,五光十色,炫耀夺目。更使刘邦感觉惊奇的是,秦宫里还留下来一帮美女。刘邦到寝宫里边一看,里边摆着酒宴,美女们正端着酒杯向他敬酒,刘邦就想在这个地方长待下去了。

正这个时候,将军樊哙进来了,刘邦让人在门口挡着他,但是没挡住,樊哙闯进来看到刘邦迷迷糊糊的样子,就说:"主公你怎么到这儿不走了呢?这可是秦朝的皇宫,难道您要跟秦王学吗?您要是跟秦王学的话,就会跟他有一样的结果。"刘邦一听很不高兴,紧接着张良也从外边进来,跟着劝刘邦:"主公,您知道秦朝为什么灭亡?为什么会被我们打败吗?就是因为秦王朝荒淫无道。您现在看到了这皇宫中的美色,就不想走了?樊将军说的那番话是对的,'忠言逆耳利于行,良药苦口利于病'啊。好话您听来总是感觉别扭的,但是却利于你的行动。"刘邦毕竟还是能够接纳别人意见的人,赶紧从秦宫出来,改屯兵灞上了,所以才有了后来他的汉室天下。

"忠言逆耳"即来自张良对刘邦的谏言,就是说正直的劝告听起来不顺耳,但有利于改正缺点错误。

邹缨齐紫
zōu yīng qí zǐ

——出自《韩非子·外储说左上》

春秋时期,有一位邹君,对穿戴衣服非常讲究,每换一件衣服都要自己先审视一番。为使自己的衣服与众不同,他在服饰上坠了一些装饰品,有的时候是流苏，有的时候是穗头；有的时候在衣服边上镶着，有的时候在帽檐上镶着，有的时候在脑后垂着。这就是所谓的"邹缨"。他穿上这样的衣服出去，大家都觉得有派头。于是邹君的手下人就都模仿邹君，也在衣服上镶上这些装饰品，镶缨的习惯就扩延开去了。街上的老百姓，尤其是青年人，也都模仿邹君。后来邹君发现了，问手下人："人们现在怎么都穿这样的衣服啊？"一位门客对他说："这都是跟您学的。您是有影响的人物，所以大家就向您看齐。您爱穿什么衣服，大家就穿什么样的衣服。您要觉得不好，那就得从您做起。"后来邹君把衣服上的装饰品都给剪掉了，他的属下，还有街上的很多老百姓，也相继把自己衣裳上装饰品都剪掉了，这就是"邹缨"的出处。

"齐紫"说的则是齐桓公的故事。齐桓公不喜欢穿别的颜色的衣服，只爱穿紫的，齐国为他特制了紫色的缎子和绫罗。因为齐桓公喜欢穿紫色，王公大臣们也都跟着穿紫衣，进而全国的老百姓也都穿紫色的衣服了。这么一来，紫色的布料、绸缎全部脱销，连齐桓公自己也买不着了。齐桓公问丞相管仲："这是怎么回事啊？怎么我们国家最近刮起了一股紫色流行风？"管仲回答："大王您是有所不知啊，这正是您带头引起的。要想制止的话，还得从您做起。只要您不再穿紫色衣服，甚至对紫色表示厌恶，穿紫色衣服这个事马上就会消失了。"于是齐桓公从此再也不穿紫色衣服了。周围的人，谁要穿紫色的衣服，齐桓公马上把脸一沉，让他立刻回去换其他衣服。结果没用多长时间，齐桓公就把紫色衣服泛滥的情况解决了。

这两个故事合在一起，就是"邹缨齐紫"的来历，比喻上行下效。

刻画无盐
kè huà wú yán
—— 出自《世说新语·轻诋》

晋朝的时候有一位大将军叫庾亮。有一天,庾亮跟荆州刺史一起吃饭,刺史姓周,酒桌上,庾亮跟周刺史说:"大家都说你像乐令呢。"乐令是晋朝时非常有名的人物,名字叫乐广,官居尚书令,尚书令是相当于今天国务委员这一级别的领导干部,乐广当时才压群儒,名冠天下。这位周刺史一听庾亮这么说,赶紧谦让,"你拿我跟乐令比,这是'刻画无盐,唐突西施'啊"。无盐是战国时齐宣王的王后,长得特别丑,她本名叫钟离春,老家是山东无盐,就是现在的东平县一带,所以别人又管她叫无盐女,也有管她叫钟无盐的。因为她有才,曾经当着齐宣王的面进谏说他过于骄奢,作为一个帝王不应该如此,而且说得情真意切,于是齐宣王就把她立为王后。西施则是中国四大美人之一,据说她经常在河边洗衣服,水里的游鱼一看见她,就光顾着欣赏她的容貌,而忘了凫水,最后都沉下去了。周刺史说的"刻画无盐,唐突西施"的意思就是拿无盐女跟最漂亮的西施去比较,这不等于是糟蹋西施吗?不等于是把西施给贬低了吗?周刺史告诉庾亮:"您拿我跟乐令来比,无论从才华上、还是官位上我都是不能企及的。"

"刻画无盐"字面意思是说精细地描摹丑女无盐的画像,比喻以丑比美,引喻比拟得不恰当。

尹邢避面
yǐn xíng bì miàn

——出自《史记·外戚世家》

西汉汉武帝有两个最宠爱的妃子，一个是尹夫人，另一个是邢夫人。汉武帝认为两夫人长得都很漂亮，又担心这两人互相嫉妒，所以降了一道圣旨，告诉尹夫人、邢夫人，两人不准见面，怕见面互生嫉妒而打起来。有一回，尹夫人耐不住好奇心，请求汉武帝让她见一见邢夫人，汉武帝考虑再三，终于同意了她的要求。

但汉武帝使了个主意，没让邢夫人本人来见尹夫人，他找了另外一个妃子，让这个妃子假扮邢夫人，穿着邢夫人平常穿的衣服，由宫女太监陪着，到尹夫人的宫里来。而这天汉武帝也在尹夫人处坐着，一会儿，假扮的邢夫人到了，大家见了面寒暄了几句，然后假邢夫人就走了。走了之后，尹夫人对汉武帝说："陛下，刚才那个不是邢夫人。"汉武帝心里一惊，问道："你怎么知道的？""就凭刚才那个妃子的风度、长相、气质，不至于能把陛下给迷住，您说是不是？"汉武帝心里算彻底服了。

又过了几天，汉武帝让邢夫人穿上平常的衣服，装扮成一个普通侍女。他没带随从，也不带宦官，让邢夫人跟着来到尹夫人宫里。待了一会儿，汉武帝打发邢夫人出去办别的事去了，这时尹夫人就说："陛下，这位就是您所宠爱的那位邢夫人吧。我根据她的气质，再看您对她眉目之间的那种情感，我断定肯定是她。"

"尹邢避面"这条成语就这么流传下来，指因妒忌而避着不见面。

蓬头历齿
péng tóu lì chǐ

——出自《后汉书·王霸妻传》

西汉时期，有一位叫王霸的官员。当时的外戚王莽趁朝政混乱夺权篡位，建立了新朝。王霸对王莽当皇帝愤愤不平，便辞官不做了。回家之后，王霸跟他妻子说："我再不做官了，我看透了官场中的腐败黑暗，我从今天起要做个好人，修炼自己的德行。要想修德，就不能做官，要想做官，就不能修德。"他的妻子非常赞同他的想法。于是夫妻两人带着子女，去一个偏远的农村生活。后来，王霸有个叫令狐子伯的朋友当了大官，令狐子伯派他的儿子来拜访老友王霸。这个令狐公子也在郡里当官，他驾着车，带着很多随从，前呼后拥地来到了王霸居住的村子。一番寒暄之后，令狐公子就想见见王霸的儿子，因为他们小的时候曾在一起玩耍。

王霸马上吩咐他妻子把儿子找回来了。他儿子当时正在地里干活，慌里慌张地就回来了，头发蓬松着，牙齿也显得稀松，一进门来，正见着令狐公子，两人无论是衣着气质还是脸上的光彩，都无法相比。他儿子进来后不知道说什么好，拘拘束束的，也不知道礼节了，自惭形秽。

令狐公子走了之后，王霸好几宿没睡好觉，妻子问他原因。王霸说："你看人家令狐公子，无论是衣着，还是气质，都是那样的光彩。而我儿子蓬头历齿，不懂礼节，我为我儿子难过啊。"他妻子一听，批评他说："你怎么有这个想法？难道你又羡慕当官了吗？当初你不是说过吗，为保自己的一身清白,为保自己的修身之德,你决定不走仕途官路,今天你想要背弃以往的志向吗?"王霸这才如梦初醒,他的妻子陪着王霸直到晚年,都过着隐士生活。

"蓬头历齿"就是说头发蓬乱,牙齿稀疏,形容人衰老的容貌。

百折不挠
bǎi zhé bù náo

——出自东汉·蔡邕《太尉桥玄碑颂》

桥玄是东汉时期著名的官员,官至太尉,为人刚直不阿,只要在朝中见到贪官污吏,立即奏本参劾,让皇帝治罪。正因为这样,他在朝里得罪了不少人。有一天,三个歹徒绑架了桥玄十岁的儿子,又带着他儿子来桥玄家里谈条件,并威胁说:"马上给我们五百两银子,就把你儿子放了。你要是不拿这五百两银子,你儿子立即小命就完。"

一般人面临这种情况都会老老实实交钱,但桥玄就是如此刚直,怒斥他们:"你们是罪人,居然敢到我的府第里边来勒索银两,说明你们脑袋里就没有王法,我一分钱也不会给你们。"桥玄马上又吩咐手下人去通告官府来抓这些歹徒。不久官兵来了,把桥府包围住,但官兵不敢往里冲,害怕冲进去后,歹徒会把孩子给杀了。这时桥玄愤怒地向外喊道:"我难道会因为儿子的死活而放了这伙坏人吗?"桥玄这一喊,官兵才往里冲,强盗就把桥玄十岁的儿子给杀了。孩子被杀了,但三个歹徒也被抓住了,就地正法。

桥玄苦思良久,担心绑架这种事情以后会蔓延开来,于是他向皇帝上奏,请求立一条新法:凡是绑架者索要银两,一律不能给,给银两就属有罪,

而绑架的人,也一律都是死罪。新法一立,果然,没用多久就再也没有绑架的案件了。桥玄这人就是这个样子:宁可把自己儿子的命舍出去,也绝不向歹徒退步。

后来,南阳太守贪赃,桥玄向皇帝上奏,让皇帝重办。可南阳太守跟皇帝有旧恩情,皇帝不但没有重办他,反而把他提升到朝里当了大夫。桥玄一怒之下,辞官回家了。

"百折不挠"这条成语,就是当时人用来形容桥玄作风的,桥玄是认准真理绝不回头,无论有多少挫折打击,他也按照自己的原则去办。"百折不挠"在今天用来比喻意志坚强,无论受到多少次挫折,也毫不动摇退缩。

宽猛相济
kuān měng xiāng jì

——出自《左传·昭公二十年》

春秋时期,郑国有一位大政治家叫子产,子产临终前对太叔说:"我死之后,就由你来执掌朝政,你一定要记住:要是用宽政,执政的人必须有德行,自己本身能让众人信服,不然的话,就要采用严厉手段,也就是用猛政。老百姓怕火而不怕水,因为火猛烈,一旦燃烧着,谁也不敢上前去,怕被火烧着。水则比较温柔,慢慢流淌,人们喜欢到水里边去戏水,结果在水里淹死的人最多,而直接被火烧死的人却很少,跟这个道理是一样的。"

后来子产去世了,太叔掌握朝政。太叔先施宽政,没有几年郑国乱了套,出了很多盗贼土匪,甚至有些土匪结帮成伙,藏到芦苇荡中打家劫舍,这时太叔才后悔没有听子产临终之言。太叔只好动用国家的官兵,到芦苇荡中进行剿匪,抓住这些匪徒后,一个一个全都杀了,国家才平定安稳下来。

后来,孔子评论说:"政宽则民慢,慢则纠之以猛。猛则民残,残则施之以宽。宽以济猛,猛以济宽,政是以和。""政宽则民慢,慢则纠之以猛",就是说如果采取宽大的政策,老百姓可能就会有所怠慢,老百姓一怠慢,统治者就应该用严厉来纠正。"猛则民残,残则施之以宽",就是说统治者一实行猛政，严厉了，老百姓可能就会有所伤残，那么老百姓一伤残了，统治者就应该实施宽大的政策。"宽以济猛，猛以济宽，政是以和"，就是说用宽大的政策，来调剂严厉的结果，用严厉的政策，来调剂宽大的结果，两者互相一调剂，政事自然就调和了。"宽猛相济"就这样流传下来，指政治措施要宽和严互相补充。

攻苦食淡
gōng kǔ shí dàn
——出自《史记·刘敬叔孙通列传》

汉高祖刘邦得天下以后，面临着一个重要的问题，就是立太子。当时刘邦的皇后吕氏生了个儿子叫刘盈，刘邦按照以往的规矩，立刘盈为太子。但过了一段时间，刘邦最宠爱的妃子戚夫人也生了一个儿子，起名叫如意，刘邦很喜欢如意。他觉得刘盈太老实忠厚，将来未必能守住江山，搞政治、当皇帝，老实忠厚是不行的，所以刘邦想把太子废了。

有天跟群臣议论朝政的时候，刘邦把他想废长而立幼的事提出来了，当时大臣叔孙通反对说："陛下，您知不知道，当年晋国有一位国君废长而立幼，结果打了好几十年的仗，乱了几十年，彻底乱了套。老百姓不同意，群臣也不同意。您亲眼目睹的秦始皇，他最应该立扶苏为太子，结果他没立扶苏。奸臣赵高从中作梗，弄虚作假，最后立了胡亥，这一立胡亥就使秦朝两世而亡。您的太子刘盈，为人忠厚老实，我们满朝文武大臣对他都非常崇敬。陛下，如果您真要把太子给废了的话，我会第一个表示反对。陛下如果怪罪我，把我杀了，我还是这个意见。"其他很多大臣，也都表示跟叔孙通持一样的态度。刘邦赶忙把态度一转:"大家至于这样吗?我只是跟你们说个笑话,不是真的,是笑谈。"叔孙通还是不让步,"陛下,您这个笑话可开不得啊,您要知道,太子是根啊,这根一动,整个天下都摇晃,这样的笑话您可千万别开了。"刘邦只好打消了废长而立幼的念头。

叔孙通在跟刘邦说这番话的过程中,曾经讲过这么一句:"您和吕后功苦食淡,好不容易,焉能有此想法?"就是说,刘邦跟吕后你们两个人是原配夫妻,吕后跟着刘邦打天下,克服了很多的艰难困苦,终日粗茶淡饭,最后,才取得了天下,胜利后,可不应该这么样做事(指废掉吕后生的刘盈的太子之位)。所以"攻苦食淡"就是指做艰苦的工作,吃清淡的食物,形容刻苦自励。

亲痛仇快
qīn tòng chóu kuài

——出自《后汉书·朱浮传》

汉光武帝刘秀手下有一位大将军叫朱浮,很有才华,文武兼备。

刘秀得了江山以后,朱浮认为应该逐级地建立各地方政权,地方官员也应该得到应有的钱粮。朱浮下令自己所属的将官们,把从上边拨下来的钱粮里再拨出一部分来分给地方官,好让他们维持生活。朱浮手下有一位将官叫彭宠的对朱浮这个决定却持反对意见,彭宠认为江山刚定,士卒们征战劳苦,上边拨下的劳军钱粮,却要分给地方,军士们心中肯定不服。彭宠不管朱浮的决定,劳军钱粮批下来之后,他把应该拨给地方的一部分都留下来给了军中士卒。朱浮看到彭宠不按他的说法去办,就开始仔细观察彭宠这个人,心想彭宠这人肯定有问题。后来他听说彭宠用车把他的媳妇从老家接来了，却没接他的亲爹亲妈，朱浮觉得这是不孝的行为。后来又听人说彭宠曾经接受过别人的贿赂银子，于是朱浮给光武帝刘秀上奏，说彭宠接妻而不接父母，是不孝之人，又贪赃枉法，是不忠之人。

彭宠知道之后气坏了，心想："朱浮啊朱浮，因为我当初不听你的主意，你就上皇帝跟前去参劾我，我要给你点颜色瞧瞧。"彭宠带着队伍进攻朱浮，要把朱浮抓起来杀了。得到这个消息，朱浮就给彭宠写了一封信，信的开头是这样的话，"智者识时而动，愚者逆理而行"，就是说有智慧的人，都是看好了时局再行动，只有愚蠢的人才会违背道理来行事。在这封书信里边，朱浮举

了很多的例子劝慰彭宠，信的最后一句话，则劝彭宠不要做让亲近的人感到伤心痛苦，却让他们的敌人仇人感到高兴的事情。"亲痛仇快"这条成语就来源于这封信，也有人叫"亲者痛，仇者快"，意思是做事使自己人痛心，却使敌人高兴，指某种举动只利于敌人，不利于自己。

奉令承教
fèng lìng chéng jiào

——出自《史记·乐毅列传》

战国时候，燕昭王怨恨齐国，派大将军乐毅带兵伐齐。乐毅是一位军事家，善于统兵，他率着军队进攻齐国，所向披靡，一下子就攻破了齐国七十来座城池，最后齐国只剩下即墨和莒城还在坚守。燕昭王非常高兴，御驾亲临，犒赏三军，又封乐毅为昌国君，对乐毅大加褒扬和赞赏，然后才回去。

燕昭王回去后，乐毅继续围攻这两座齐国最后的守地，攻了两年多，

古话成语

还是没有拿下来。偏巧这个时候，燕昭王死了，儿子燕惠王继位。当时齐国的大将军叫田单，一听说惠王继位，高兴坏了。因为田单知道，乐毅和燕惠王两人不合，就想利用他们之间的矛盾，使乐毅退兵。田单想了一个主意，派出间谍往外放风，说乐毅攻齐国最后这两座城池，本可以很快地一举攻破的，但却故意拖延着，是因为他听说新继位的燕惠王，对他不好，乐毅现在正在跟齐国沟通、商量，等条件谈成熟了，他就会调转矛头，把燕国灭了。燕惠王对乐毅本来就有看法，一听这个信息，马上派手下一位叫骑劫的大将，去代替乐毅。乐毅明白肯定是燕惠王对自己产生了怀疑，就独自跑到赵国去了。田单听到这个消息，心里偷着高兴。

但燕军并没有退走。田单又开始对外放风，说齐国人什么都不怕，就怕燕国人把齐国人城外的坟地都给刨了。新来的将军骑劫一听，便派人把齐国人的祖坟都给刨了。田单趁机发动齐国的将士："大家看见没有，燕国不仁不义，把我们的祖坟都刨了，让我们的祖先都不得安宁，这个大仇我们不能不报。"因此齐军士气高涨，都憋着劲要杀敌。紧接着田单还用了一个火牛阵计策，他找了五千头牛，在牛的每个犄角上绑上一把锋利的刀子。然后在牛尾巴上，绑上柴草，沾上火油。而牛身上，则给套上画上像老虎那样的花纹的衣裳。等到晚上的时候，三面城门大开，五千头牛奔着燕国士兵大营就冲过来，后边人又把这火点着了，牛尾巴着了火，牛一疼就奔着前边猛冲，一直冲到燕国的大营。燕军当时就乱了套，士卒给牛挑死不少，后派来的将军骑劫也战死了。田单的火牛阵取得了胜利，齐国很快就收复了国土。

燕惠王害怕了，又想起乐毅来，派人给乐毅写了封书信，求乐毅赶快回来拯救燕国。乐毅给燕惠王回了封信，在信中这样说："先王对我非常器重，给了我非常重要的职务，其实就我本人来讲，我并不称职，接受这样的职务无非是因为自己服从命令、听从教诲（原文为"奉令承教"）。但是我一直相信，有善始未必就有善终。"结果乐毅还是没回燕国去。

"奉令承教"这条成语就出自乐毅写给燕惠王的信里，"奉"是遵从的意思，"承"是接受。它的意思指完全按照别人的命令、意图去办事。

轻裘缓带
qīng qiú huǎn dài

——出自《晋书·羊祜传》

羊祜是晋朝的一位大将军，当他六岁的时候，算卦的人就说他长大了一定会有大作为。后来他长大果真当了征南大将军，镇守荆州。羊祜很有个性，在生活中有个最大的习惯，就是在军营里边不喜欢穿盔甲，觉得铠甲穿在身上板得慌，他喜欢穿"轻裘缓带"。"轻裘"就是比较轻便的裘衣，"缓带"呢，就是系得很松的带子。他这样穿着，看上去比较休闲，又很自然。他还喜欢打猎、钓鱼，常常白天带着十几个人出去打猎，晚上又带人出去钓鱼。

有天晚上，羊祜穿了一身轻便衣裳又要出去，守营门的人叫徐胤，他拿着旗子把羊祜拦住了，"将军，您要上哪去？"

羊祜说："我打算出去。据说这个地方晚上钓鱼好,我要去钓鱼。"

"您不能出去,您别忘了,您是三军统帅,您没有着铠甲,就穿着这样的衣服出去,万一有人暗算您,该怎么办呢?我绝对不让您出去。"徐胤很负责任地说。

羊祜火了:"咱们俩谁说了算啊?谁听谁的?"

徐胤也不让步,"您是主帅,我听您的,可今天在这件事上,我就不能听您的,您想要出去,就把我杀了,我躺下了,您爱往哪去哪去,我不管了。我只要活着,今天就不会让您这样出去"。

最后羊祜笑了,"好,算你说得有理,你不让我出去,那我就不出去吧"。

"轻裘缓带"这条成语就这样流传下来,是指轻便的皮袍,宽松的衣带,形容态度从容镇定。

半面之交
bàn miàn zhī jiāo

——出自《后汉书·应奉传》

应奉是东汉时期的人,聪明异常,记忆力惊人,小时候就有过目成诵之才。长大后,他最初在一个郡府里当差,郡守让他去各个县调查押在牢房里的囚徒的名字、案情等,应奉转了一圈回来之后,把这几百个囚徒的名字,以及犯了什么案子,都一一向郡守做了汇报。郡守一下子给镇住了,根本不相信他会有这么好的记忆力,一核对,却一点都没错。

最绝的是有一次,他去拜访彭城的一位官员,到这官员家门口敲门,敲了半天没人答应,应奉转身要走,忽然门开了,门缝里露出半边脸,是院里正在

给那位官员做车的一个木匠,只说了一句:"我们主人没在家。"应奉一回头,看见他露出半张脸,就走了。

三十年以后,应奉在街上又碰见这木匠了,主动跟他打招呼说:"怎么样?挺好啊,还在给他们家做车呢?"木匠当时就愣了。应奉继续说:"你忘了我了吗?三十年前咱俩见过一面。那天我去造访,你从门缝里露出半边脸来答话。"这木匠一听,想起来了,更对应奉佩服得不得了。

后来人们把只见过一面的人称作"半面之交",比喻交情不深。

优孟衣冠
yōu mèng yī guān

——出自《史记·滑稽列传》

楚国有个官员叫优孟,说他是官员,其实是顶着官员帽子的艺人,也就是乐工。据说他会奏乐、弹唱。那个时候这样的人是有职位的,还能拿俸禄银子。优孟善于用最诙谐、最幽默的语言向楚王上奏,使楚王明白很多事理。

当时楚国相国叫孙叔敖,孙叔敖是个清官,从不贪赃受贿,家境很贫寒。孙叔敖病危的时候,对他的儿子说:"你爹为官一世清廉,我死了之后,恐怕家里生活困难,实在太困难的时候,你就把这件事去告诉优孟,你跟优孟说你是我的儿子,就可以了。"他儿子听后说记住了。

孙叔敖死了之后,果然如他所料,家里很快衰落下来。他儿子每天上山打柴,靠卖柴火维持生计。这天,他儿子背着一捆柴火,在街上碰见了优孟,就主动跟优孟打招呼。优孟说:"小伙子,你是谁啊?我不认识你。"小伙子说:"我爸爸是当年的相国孙叔敖。"优孟一听很震惊,"你是孙叔敖的儿子?你背着柴火干嘛?""我们家里边太困难了,我打柴,靠卖柴为生。"优孟马上跟着小伙子到他家里去了,一看家境果然非常贫寒,优孟心想:"一个楚国的相国,死了之后,家里竟沦落到这步田地,太可悲了。"优孟当时想了个主意,让孙人把孙叔敖的帽子和衣服找出

大话成语

来,优孟穿戴好以后便模仿孙叔敖的举止言谈,又让孙叔敖的妻儿在旁边给纠正。练了三天,优孟觉得练成了,他化了化妆,打扮成孙叔敖的样子,就上朝里来了。

楚王正和群臣议论国事,孙叔敖突然出现,把楚王吓一跳。孙叔敖开口说话,又议论国家大事,楚王奇怪孙叔敖怎么又活了呢,当然了,后来他看出来这孙叔敖是优孟装的。楚王对优孟说:"你学孙叔敖学得太像了,我看楚国这个相国就由你来做吧,怎么样?"优孟说:"陛下,您得容我考虑考虑,我得回家跟我老婆商量商量。"三天后,优孟回来了,见了楚王说:"陛下,我跟我老婆商量了三天,最后我老婆不同意。我老婆说了,做相国有什么好啊?

前任相国孙叔敖兢兢业业,最后什么结果——他死了之后,他儿子得整天上山打柴维持家里的生计。我现在要是再当这相国,将来我死了,我的孩子还不都得去要饭啊!陛下,前思后想,我合计着我就现在这样吧,不能当相国,我怕将来家里受穷。"

楚王听明白了,这是优孟变相地向自己进谏,他也知道了孙叔敖的家里贫困的状况。于是楚王降旨对孙叔敖的儿子加以封赏,封了食邑四百户,并将这待遇一直延续了十代,才将问题彻底解决了。

"优孟衣冠"这条成语就这样流传下来了,比喻假扮古人或模仿他人,也指登场演戏。

包藏祸心
bāo cáng huò xīn

——出自《左传·昭公元年》

春秋战国时期，很多小国得依附于大国，来保证自己的生存。当时有一个小国郑国想要依附楚国，就和楚国联姻。郑国有一位姓段的官员，把他的女儿许配给了楚国的公子围。公子围带着他的副手伍举和很多兵丁，到郑国迎亲，很快就要到达郑国国都，郑国的大夫子产听到这个信息，马上提高了警惕。他认为楚国带着这么多的兵来，万一把他们放进城来，他们也许会借着迎亲下聘礼的机会把郑国国君给杀了，这样就可以侵占郑国。所以子产派他的一个得力助手叫子羽的，到城外跟楚国来迎亲的人见面商量这件事情。

子羽出了城，见到公子围和伍举，对他们说："诸位带着这么多兵到这里来下聘礼、迎亲，咱都在城外举行如何，最好不要进城了。"伍举一听不高兴了，"我们公子围这次来，临走时曾向我们楚王报告。楚王大摆宴席，将这件事情公布于众，还领着公子围参拜了祖庙，而且说公子围将来在楚国是要拜为上卿的，那是高官啊。现在我们到你们这里了，你们却连城都不让进，让我们在城外下聘礼，还要在城外拜堂，这对我们是一种多大的怠慢？"

子羽不慌不忙地说："您别忘了，你们是大国，我们是小国。我们小国跟您大国结亲，是想依附你们。现在您来了，带了这么多人，还都带着武器，我们有心把您请到城中下聘礼、拜堂。可那样，老百姓就会说，你们来此是包藏祸心，你们心里怎么想，我们郑国人是不知道。如果你们要借着这个机会把我们给消灭了呢？所以我们不能不防备，希望你们还是在城外

下聘礼，在城外迎亲的好。"

伍举一听，觉得郑国的担心是有道理的。他跟公子围商量后，说："好吧，我们派少部分人进城下聘礼、迎亲，我们进城后，弓箭口袋都会把口朝下张开，以证明里边没有武器。"于是，公子围带着少数的人进了城，下了聘礼，迎了亲，回了楚国。

"包藏祸心"这条成语就流传下来了，指心里怀着害人的恶意。

乌合之众
wū hé zhī zhòng

——出自《后汉书·耿弇传》

西汉王朝建立后，经过很长的一段时间，却被王莽篡位，王莽建立了新朝取代汉朝。新朝一共存在了13年，由于王莽不得民心，天下大乱，各路人马纷纷起兵征讨王莽。那时候，起兵者为了争取百姓的拥戴，都说自己是汉朝的后裔。当时最有代表性的是更始皇帝刘玄，他是真正的汉王朝的后代，也有冒牌货，比方说有一个叫王郎的，就愣说自己是汉成帝的儿子，也在邯郸起兵。

当时，有个叫耿弇的年轻小伙，才21岁，非常有抱负。他带着两个伙伴，准备要去投奔刘玄，也就是更始皇帝。这一路上走着，两个同伙就跟耿弇说："咱们有点舍近求远啊。邯郸这个地方就有汉成帝的儿子，叫刘子舆。这个刘子舆正在举旗兴兵，我们为什么不投奔他呢？投奔他的话，这路还近点，省得跋山涉水，和去找刘玄，不是一样吗？"耿弇一听就笑了，说："这刘子舆啊，其实是假的，他原名叫王郎，我早就听说过他们是一群什么样的队伍，其实就是一伙土匪。你们等着吧，我到了长安城，把人马攒齐之后，我领着人马就能把他们打败。王郎他们是一帮乌合之众，我打他们犹如摧枯拉朽。"耿弇说的"乌合之众"是指王郎的队伍组织性、纪律性非常差，就像乌鸦一样，乌鸦晚上归巢的时候乱七八糟、稀里哗啦，非常杂乱，所以他把王郎队伍比喻成乌合之众。但是他的两个同伴没听，还是去找刘子舆了。耿弇也没有投奔刘玄，后来他投奔了刘秀。王郎果然很快就被刘秀击败，汉光武帝刘秀登基以

后,耿弇是著名的"云台二十八将"里的一员。

"乌合之众"一语就这样留下来了,意思是说,像暂时聚合的一群乌鸦,比喻临时拼凑的、毫无组织纪律的一群人。

抱薪救火
bào xīn jiù huǒ
——出自《史记·魏世家》

春秋时期,有很多国家,大国小国的,百里为王。到战国时候,就只剩下七个大国了,齐、楚、燕、韩、赵、魏、秦,这七个国家里面,最强大的是秦国,秦国一直想要并吞六国,先开始兴兵伐魏。当时魏国的国君是安釐王。安釐王懦弱无能,一听说秦国发兵,吓坏了。第一年发兵,秦国夺了魏国的两座城池,第二年又夺了两座城池,安釐王只有求助于韩国,韩国出兵帮助他,结果连韩国也被秦军打败了。安釐王更害怕了。转过年来,秦国再发兵,他又求助于韩国,又求助于赵国,结果还是不行。

大话成语

这个时候,安釐王手下有一个大臣叫段干子,就出了个馊主意,说:"依我看啊,秦国屡次发兵,无非就是找咱们要地盘,我们这次干脆割给他一大块地,我们把南阳这个城市割让给他,您看怎么样?"安釐王一听,觉得有点道理。正在这个时候,来了叫苏代的人,苏代是苏秦的兄弟,苏秦是有名的说客,作为苏秦的兄弟,苏代也有其兄之风,也能说会道。苏代这次主动地要求见魏王,他问安釐王:"大王,秦军大兵压境,您怎么抵抗呢?"安釐王说:"我们正在商量,准备把南阳割让给他,让秦军先退回去。"苏代说:"错了,错了。您如果把南阳城割让给秦国这就等于拿着一捆柴火去救火,那火起来了,我们扔一捆柴火上去,不仅扑不灭火,火还会越烧越旺。大王,您要知道,秦国为什么兴兵伐魏啊?他是想把魏国整个消灭,而不是说只要一城一地,您现在一点一点儿地给他,又准备把南阳给他,等于给了他一捆柴火,更助长了他的贪心。我们只有联合六国的兵力共同抗秦,才能把秦国抵挡住,不然的话,魏国就要灭亡了。"

安釐王最后还是没听苏代的意见,他没有联合六国的兵力,仍想着对付一天算一天,最后秦国把魏国灭了。但这条成语"抱薪救火"就流传下来了,"抱薪救火"比喻用错误的方法去消除灾祸,结果使灾祸反而扩大。

鞭长莫及
biān cháng mò jí

——出自《左传·襄公五年》

春秋时期,楚庄王有一次派出两路使臣,一路去齐国,一路去晋国。去晋国的使臣得通过陈国,去齐国的使臣得通过宋国。去齐国的使臣叫申舟,申舟让楚庄王先跟宋国打个招呼,但楚庄王很傲慢,觉得没必要,他说:"我们楚国借个路走走,那还不行吗?没有什么了不起的。"

申舟说:"奔晋国的那条道路经陈国,陈国还是比较懂礼仪讲面子的。宋国和陈国不一样,如果不跟他打招呼,他会误以为我们要侵犯他的领土,把我给抓住。"

"他把你抓住又能怎么?"

"他们把我抓住,就得问我的罪啊!"

"你不会跟他说明白吗?"楚庄王很奇怪。

"我跟他说明白,他也不相信啊。"

"不相信,他又能怎么着呢?"楚庄王继续问。

"他能把我杀了啊!"

"他敢!"楚庄王说:"如果他敢把你杀了,我就兴兵为你报仇,你放心,他不敢把你杀了。"楚庄王刚愎自用,自以为是。

申舟只好出发,路经宋国,果真如他所料,宋国国君将申舟扣留了下来。大臣华元对宋君说:"楚国事先未有通知,便是把我国领土已当做归属于他。我们必须维护独立主权的尊严,不能受这种侮辱!就算楚国发兵进攻,但我们宁可战败,也不屈服!"宋国国君听了他的话后,便处死了申舟。

申舟被杀,楚庄王有言在先,立即

大话成语

发兵进攻宋国,仗一打就是半年。宋国眼看抵挡不住了,便求助于晋国,让晋景公出兵帮忙。晋景公还真想出兵,但当他快要出兵的时候,有位大臣对晋景公说:"大王,您可不能出兵,您这一出兵,不但不能成功,反而会把楚国得罪了。楚国现在非常强盛,老天爷都向着他,我们现在出兵,是鞭长莫及。鞭子再长,也打不着马肚子上。不如我们就在这等着看结果吧。"晋景公听这个大臣说得很有道理,就没有出兵。

"鞭长莫及"这条成语原意是鞭子虽长,也打不到马肚子,后来比喻相隔太远,力量达不到。

蟾宫折桂
chán gōng zhé guì

——出自《晋书·郤诜传》

郤诜是晋武帝时期的名臣,博学多才,但是有个缺点,就是想什么就说什么,出语太直爽,容易得罪人。郤诜为晋朝做了很多有益的事情,比如说帮着晋武帝统一典章制度、推荐贤良人才、移风易俗等等。

郤诜跟吏部尚书崔洪两个人是好朋友,因为崔洪对郤诜有所了解,所以他在晋武帝的跟前推举郤诜当左丞。郤诜当了左丞以后,仍是秉公而无私,他发现崔洪的有些做法有问题,就在晋武帝面前弹劾崔洪,指出崔洪的错误。崔洪得知后,心里很不高兴。有一回,崔洪和朋友在一起喝酒,有的朋友知道这事,就对崔洪说:"您是吏部尚书,是您保举郤诜当了左丞,这郤诜可不够朋友,他居然在皇上面前弹劾您,您对这个事情怎么看?"崔洪叹息了一声:"怎么看?什么也甭说了,当初是我保举的他,反过来他在皇帝面前弹劾我,我现在等于是用自己的弩箭射自己,我活该。"

郤诜知道了这件事,就请崔洪一起叙旧。郤诜跟崔洪说:"我想跟您说一个典故。当年,赵宣子推荐韩厥为官,韩厥做官之后,发现赵宣子的仆人行为不轨,犯了法,韩厥就把赵宣子的仆人给杀了。这之后,赵宣子当众说:'我推荐韩厥是推荐对了,我的仆人犯了罪他却毫不留情,说明他大公无私,秉公

执法。'可是您呢？您对我弹劾您这件事一直不满，还曾说您是用自己的弩箭射自己，是不是对我有看法呢？您跟赵宣子比，有没有区别？"崔洪当时还真没话可说，打这之后，他再也不说弹劾这个事了。

还有一回，晋武帝把郤诜叫到跟前闲聊，晋武帝问："郤诜啊，都说你很有本事，那你怎么评价你自己？"郤诜回答："我觉得，无论是给陛下您出治国之策，还是推荐贤良，这几个方面我都是一流的，犹如蟾宫折桂，昆仑拾玉。"这句话的意思是说我就像从月宫里折下的一段桂枝，又像是从昆仑山上

捡到的一块美玉，都是高档次、第一流的。晋武帝大笑并嘉赏了他。

这就是成语"蟾宫折桂"的出处，蟾宫即月宫。唐代以后，科举制度盛行，"蟾宫折桂"多被用来比喻考中进士。

目不识丁
mù bù shí dīng

——出自《旧唐书·张弘靖传》

这次说的成语"目不识丁"跟"蟾宫折桂"的意思差不多相反，"蟾宫折桂"是说学习好，考得好，"目不识丁"则是指基本不认字。

张弘靖是唐朝的吏部尚书，后来皇帝派他到幽州去当节度使，幽州就是我们现在北京这一带地区，唐朝的时候，"安史之乱"最早就起源这里。张弘靖到幽州后，有一个主观臆断，他认为这个地方的老百姓和兵士人品都不好，因为安禄山造反就是在这里爆发的。所以他进幽州的时候，列着队伍，大张旗鼓，以显示威风，老百姓在两边看着，当时就有很多意见。

张弘靖手下有两员副将——韦雍和张宗厚，到幽州后，更是为所欲为。有时

候带着很多士兵半夜出去喝酒,喝醉了之后,在大街上连吵带嚷,非常扰民。老百姓半夜睡觉,常听到街上鬼哭狼嚎,都是敢怒而不敢言。这两个副将有的时候对待地方的军兵也很过分,老把当地的士兵都当成叛贼对待。韦雍和张宗厚训斥当地士兵说:"你们能拉两石弓的力量,也赶不上认识个'丁'字,这'丁'字是最简单的字,能认识'丁'字,就说明你们有点文化了,现在以武取胜不行了,而你们都是没有文化的。"

军士心里就怀着很大的怨恨。后来朝廷发来一百万贯钱犒赏三军。一百万贯钱到了之后,张弘靖没有全给士兵,他独自截留了二十万贯,以作军府中的公用,这个事他也没跟朝廷说。后来不知谁把这消息给透露了出去,当地的军士们一听,都急了,一串通造反了,这一造反把张弘靖、韦雍、张宗厚三位全都给抓了起来,最后把他们都杀了。

成语"目不识丁"就来自韦雍和张宗厚对幽州当地士兵的嘲笑。字面意思是说连最普通的"丁"字也不认识,后用来形容一个字也不认得,没有文化。

要言不烦
yào yán bù fán

——出自《三国志·魏书·管辂传》

三国时期,有个叫管辂的人,从小就与众不同,七八岁的时候,没事就坐在院里看星星,把各个星星的位置,甚至把它们的变换都记住了。管辂长大以后,也喜欢天文学、地理学和《周易》。后来研究来研究去,居然会算卦了,很多人都来找他算卦,据说算得还真挺准。

有一回,何晏约了他的朋友邓扬,一起把管辂请到家里来参加宴会。开宴之前,两人想着要让管辂算算卦,开始还不好直接说,聊着聊着,就聊到《易经》,可是一聊到《易经》,管辂就不言语了。

邓扬忍不住了，就问："管先生，听说您对《易经》很有研究，为什么我们一谈到《易经》，您反而就不说了呢？"

管辂一听就笑着说："您不知道，真正精通《易经》的人，恰恰就不爱再说《易经》了。"邓扬听了之后很佩服，就说："要言不烦啊。"就是说重要的话不用反反复复说，一句话就到位。最后两个人就让管辂给算一卦，管辂算完，对他们俩说："二位都身居高位啊，切记，做官第一莫要贪，第二要多为民，当然了，我可不是说您二位就贪，也不是说您二位不为民，但我还是请你们二位多加小心，近日恐怕要有凶事。"管辂说完就走了。但是邓扬和何晏都不太相信管辂的话。

管辂回家后把这事和他舅舅说了，管辂的舅舅觉得他说话太不客气了。管辂却满不在乎地说："我才不管他们高兴不高兴，两个快死的人了，不用跟他客气。"没过十天，这两人果然都让司马懿给杀了。

但是邓扬夸奖管辂的这句话，"要言不烦"，却作为一条成语流传下来了，指说话或写文章简单扼要，不烦琐。

寥若晨星
liáo ruò chén xīng

——出自唐·韩愈《华山女》

韩愈是唐朝的大散文家，同时也是一位非常著名的官员。

韩愈做官的时候，正是唐宪宗在位时期。唐宪宗听说法门寺有佛骨，便想将它请到京都里，打算在宫里找个地方把它供奉起来，每天烧香膜拜，在宫里供奉三天后，再把佛骨请到各个寺院里边，让各级官员以及平民百姓都去瞻仰。

韩愈听到这件事后，当时就给唐宪

大话成语

宗奏了一本，韩愈在奏章里边说："陛下，而没必要对佛骨如此大张旗鼓，而应该制止这种东西，如果佛要是怪罪下来，就让它怪罪到我身上。佛如果让我死，我也不会在乎的。"

奏章递上去之后，唐宪宗气坏了，说："韩愈要说别让我信佛教，我倒相信他是出自忠心，但是他竟然说佛教一进中国，皇帝就都短命了，这不是咒我快点死吗？"就把他贬到偏僻的潮州为官。

韩愈还写过一首诗《华山女》，讽刺佛教徒整天讲经说法，招惹很多听众。而道教徒讲经说法，却"座下寥落如晨星"，即听的人如拂晓的星星，寥寥无几。道教徒们当然不甘心，为了挽回败局，就请了一个漂亮的华山女道士来长安讲道，经过一番安排，道观出现了听众如云、立脚无地的场面，而众家佛寺却没有听众了。佛教的经义和高僧们的如簧巧舌竟抵挡不住一位青年女道士的红颊长眉，它的虚伪和脆弱可想而知。

成语"寥若晨星"即来自韩愈的《华山女》诗中，字面意思是稀少得好像早晨的星星，形容为数极少。

惜玉怜香
xī yù lián xiāng

——出自明·陶宗仪《南村辍耕录》

元朝的时候，大都有个叫顺时秀的歌女，长得非常漂亮，歌唱得也好，吸引了很多当时的士大夫。顺时秀其实是个艺名，据说这歌女本名姓郭，具体叫什么并没有记载。当时翰林院有一位学士叫王元鼎,他跟顺时秀关系非常好,顺时秀对王元鼎也是情有独钟。两个人过从甚密,经常往来。

有一回,顺时秀得了病,发高烧,卧床不起,王元鼎把翰林院的事干脆就扔开不管,整天只在床前侍奉顺时秀。作为一个感情细腻的女人,顺时秀颇为感激王元鼎。病渐渐好了,王元鼎就问:"你想吃什么,我给你去买,或者我给你找人去做。"顺时秀就顺口说了一句,"我现在就想吃那马板肠。"马板肠,就是马肚子的板肠。王元鼎有一匹千金五花马,价值千金。王元鼎出去就把这马杀了,杀了之后,把马板肠做好,用食盒拎着给顺时秀送来。顺时秀吃完后,觉得挺香,这才问:"这马板肠,你在哪买的?"王元鼎说:"这哪儿是买的,你知道我骑的那匹千金五花马吧,我把它杀了。好马怎么也不如好人呀。"顺时秀对王元鼎心里边感激得不行,王元鼎和顺时秀两个人的亲密关系从此传扬出去。

当时有一位中书参政,相当于丞相,叫阿鲁温,他也时常接触顺时秀。顺时秀不敢得罪丞相,跟阿鲁温交往了一段时间之后,阿鲁温问顺时秀:"在你的心中,我和翰林院的王元鼎相比,谁更好?"顺时秀回答:"您二位不一样,您是丞相,王元鼎是翰林院的学士。如果说治理国家、处理朝政、为百姓办事,王元鼎肯定不如您;如果说咏风颂月、惜玉怜香,您就不如王元鼎了。"

成语"惜玉怜香"就来自顺时秀夸奖王元鼎的话,后人用"惜玉怜香"比喻男子对所爱女子的照顾体贴。

杏林春满
xìng lín chūn mǎn

——出自东晋·葛洪《神仙传》

三国时候，吴国有一位叫董奉的医生，医术非常高明，百姓和上流社会，对他是无人不知、无人不晓。

有一回吴国的左将军士燮得病，请了别的大夫来看，结果是越看越重，最后眼看就不行了。士燮让人赶紧去找董奉，当时董奉还在二百里以外行医，士燮马上派人赶着马车去接董奉回来。可是当董奉来到士燮的病榻前，人已经死了两天了，一家人都在那守着。董奉一摸，呼吸停了，脉也没了。董奉翻开士燮的眼皮瞧瞧，扒开嘴看看，全身都检查一遍，最后董奉说："我有两丸药，给他喝了看看怎么样吧，要是能见效的话，就还有救，不见效，我也没办法了。"于是董奉拿出两丸药来，把它们捣碎，又把士燮的嘴撬开，愣给灌进去了。士燮一家人，加上董奉都守着，整整守了一夜。第二天早上，就听见士燮肚子咕噜咕噜叫唤，最后士燮把眼睛开了，说了一句："哎呀，把我困坏了。"死了三天的人，居然救活过来了，董奉有起死回生之术的说法就传扬开了。

董奉行医非常讲究医德，有些穷人来找他看病他不要钱，抓药也不要钱。他自己种地，有时候上山采药，把药卖给药铺挣点钱。老百姓们尤其是这些穷人，看到董奉不收钱，心里很过意不去，总觉得要送点东西。穷人本来就没钱，送不起什么礼。董奉就让他们在自己宅子周围种杏树，杏树树苗都由董奉来提供。一般是病重看好的就种五棵杏树，病轻的种一棵就行。年头一多，他家周围长了一万多棵杏树，杏林

如海,还长了很多杏子。董奉就让大家拿米来换杏,一盆米换一盆杏,那个年代,一盆米,远没有一盆杏的价值高。很多人都愿意来换,尤其是家里边粮食富裕的,都来换杏。这样一来,董奉家的粮食越存越多,怎么办呢?董奉就把存粮周济穷人。后来老百姓都感念董奉,专门给他送了一块匾,由于他家周围有很多的杏树,这匾上就写着"杏林春满"。

今天,"杏林春满"这条成语指的是医术高明,医德高尚。

数典忘祖
shǔ diǎn wàng zǔ
——出自《左传·昭公十五年》

春秋时,周天子的妻子死了,王后一死,自然要举行盛大的葬礼,各个诸侯国都要来吊唁。有的是国君亲自前来,有的是派使臣。晋国派的是全权代表,叫荀跞,还有一位副手,叫籍谈。天子之妻下葬之后,周天子摆上酒宴,招待大家。在酒席上,周天子手里拿着鲁国进贡的宝壶,给各桌敬酒,一边敬酒,一边就说:"这次各个诸侯国都向我进贡了不同的礼物,唯独晋国没给我送什么东西。"

荀跞把问题推给籍谈回答,籍谈站起来说:"我们晋国没有向天子奉献什么,这是有原因的。我一直掌管晋国的典籍,据我所知,晋国当年在被封给领土的时候,天子就没给我们国家什么。封给我们晋国的那块地域又和戎人相邻,戎人经常骚扰我们的边境,所以我们整个的力量都用在为周天子卫戍边疆上了,我们没有什么东西可奉献,所以今天到了这里,只能是空手而来。"他说完这几句话,周天子不高兴了,把脸沉下来说:"籍谈啊,你是掌管典籍的官员,应该知道你们晋国的历史啊。你们晋国的首创者唐叔是周成王的弟弟,当初他去晋地的时候,我们把文王用过的战鼓、战车都给了他了,你难道不知道吗?武王穿的铠甲、很多的斧钺兵器,也都给了晋国。你作为掌管典籍官员,竟然不知道祖宗怎么回事,忘记了祖先的历史,你这个史官当得就不称职。"周天子一席话说完,籍谈就傻了,半天搭不上话来。

等籍谈和荀跞两人走了,周天子气还没消,他跟其他诸侯国的人说:"大家

大话成语

看见没有,这个籍谈,我敢说,他肯定以后没有后代,为什么?他竟然数典忘祖。""数典忘祖"这条成语就出自这里。周天子的意思是籍谈作为管典籍的官,却不知道自己祖先的事,把祖宗都忘了,所以老天都要惩罚他,让他不会有后代。

今天我们用"数典忘祖"这条成语,就是说谈论历来的制度、事迹时,把自己祖先的职守都忘了。比喻忘本,也比喻对于本国历史的无知。

利令智昏
lì lìng zhì hūn

——出自《史记·平原君虞卿列传》

战国时期,秦国派大将白起攻打韩国,韩国是个小国,无论在军事上、经济上各个方面都不如秦国。秦军一进攻,韩国抵挡不住,首先把野王这个很重要的地方给丢了。占领了野王之后,秦军的下一个进攻目标就是上党,上党的韩国守将叫冯亭,冯亭跟韩国的国君说:"现在上党肯定保不住了,与其这样,倒不如把上党送给赵国,赵国肯定会去驻军。这样的话,秦国若要打,就让赵国去跟秦国打。"韩王同意了。

韩王派使臣写书信给赵王,跟赵国说:"我们准备把上党地方划给你们,您看怎么样?"赵王以前就很想要上党这个地方,因为那里位置重要、土地肥沃。一听到这个信息,他马上召集群臣开紧急会议。

赵王说:"现在韩国要把上党白送给咱们,你们说咱们要不要?"大臣平阳君强烈反对,他说:"大王,上党咱不能要啊,秦国正要夺取上党,野王已经打下来了,下一个目标就是上党。这个时候,韩国把上党让给咱们,这就说明他们守不住上党。他给了咱们,我们就得跟秦军作战,我们能抵挡得住秦军吗?抵挡不住的话，上党不也是一样丢失吗？"

但是另一个大臣平原君跟他意见不一样，平原君说："大王，这是千载难逢的好机会，您早就想要得到上党，现在韩国要把上党白送给咱们，这个机会错过了，可就再也没有了。我知道韩国挡不住秦国，正因为在秦国大军的压力之下，他才把上党送给我们，我们如果现在不接过来，以后再要上党那就费大劲了。现在上党是唾手可得，为什么不要？"平原君这番话正合赵王心意，于是赵王就接受了韩国的提议。后来，秦赵双方果然围绕上党爆发了一场大战，这就是历史上著名的"长平之战"，赵国被打败，整整被消灭了40万军队，连首都邯郸都差点被秦军攻占。

西汉时的司马迁写到这段历史的时候，就说："平原君和赵王在关键的时候，见小利而忘大利，引来惨败，这叫利令智昏。"

今天，"利令智昏"已演变成一条成语，它的意思是指因贪图私利而失去理智，把什么都忘了。

吴牛喘月
wú niú chuǎn yuè

——出自《世说新语·语言》

南方古代称为吴国，"吴牛"指南方的牛。南方天气热，特别是三伏天的时候，牛在田地里劳作，看着太阳就犯喘，到了晚上，牛找棵树底下趴在那乘凉，这时月亮升起来了，牛一看到月亮，把它当成太阳，不知不觉就又喘起气来，这就是成语"吴牛喘月"字面上的意思。

晋武帝时，有一个叫满奋的人，官拜尚书令。这人有个毛病？怕风，尤其怕寒冷刺骨的冷风。他告诉家里人，没事必须把窗户都关上，尤其他的卧室，什么时

大话成语

候也不能开窗户，一年四季也都不开。

有一回，别人给晋武帝进贡了一面琉璃屏风，古代的琉璃就像我们今天的玻璃一样，是透明的。琉璃屏风本来是挡风的，晋武帝就把它放到窗户前边。有一天，要开朝会了，满奋也来了，满奋来后，武帝就让他坐在琉璃屏风前边。满奋一瞧是透空的屏风，却没认出来是琉璃屏风，吓坏了，不禁发起抖来，脸色变得很苍白，说话也犹犹豫豫的。晋武帝觉得奇怪，就问他原因，满奋照实回答，晋武帝听了，便笑着说："我那面屏风是琉璃做的，是不会透风的，还能给你挡风呢。"满奋走到屏风跟前才看清楚，心想这真让人家笑话了，坐下来之后大家开始议论国事，可满奋觉得刚才自己举措不安的样子恐怕被别人笑话，就先来了个自我解嘲，说："陛下，臣犹吴牛，见月而喘。"意思是说：我好像吴地里的牛一样，一看到了月亮就吓得喘起气来了。

成语"吴牛喘月"本意是说吴地水牛见月疑是日，因惧怕酷热而不断喘气，后比喻因疑心而害怕。

唱筹量沙
chàng chóu liáng shā

——出自《南史·檀道济传》

南北朝时期，宋文帝手下有一员大将，叫檀道济。有一回，檀道济奉宋文帝的旨意出兵攻打北魏，接连打了三十个胜仗，人马队伍直逼济水附近。北魏皇帝吓坏了,立即四处求援。但由于进兵迅速,战线太长,宋军打到历城的时候,檀道济已经感觉到后勤补给跟不上了,尤其是粮食非常缺乏。恰恰这个时候,北魏的援军到了,援军一到,北魏士气大振,北魏的将领,带着军队进行了一次反击,首先取了滑台城。滑台城失守后,有的宋军就当了俘虏,其中有一个小头目,把宋军粮草不足的情况告诉了魏军。

北魏的将领对这个情报半信半疑,因为他知道,檀道济用兵如神,担心这是檀道济的计谋,引诱他前去进攻。于是就想先观察观察,看看檀道济缺粮是真是假。檀道济已经预见到北魏可能知道了他缺粮的信息,就把自己最亲信的将官招到一起,面授机宜。副将们又找了一些自己亲信士卒,让他们到河边去拉些沙子,装进放粮食的口袋里。先装大半口袋沙子,然后在最上面放点米,拉到军营里,又在离敌人的城池很近的地方腾出一块空地;许多士兵就在那儿量粮食口袋,旁边有人过秤称重,量完了一口袋,插上一个签子送到一边去。另一边有记账的,还唱着筹码。这边喊210斤,那边就记上210斤;另一口袋量完了,又喊220斤,那边又记

220斤。这么一吵嚷,城上的魏军往下一看,都认为是檀道济补给的粮草到了,营里称重米袋的人还故意撒出点儿米来,漏在地下。这样一来,魏军守将丝毫不相信檀道济缺粮。

檀道济让人把"粮食"垒起来之后,传令所有的士卒把盔甲都脱下来,打成包袱驮在马上,穿着便装往回走,悄悄撤退。宋军往后一撤,城上的魏军将领又开始琢磨了,觉得宋军脱了盔甲往后撤,可能是在设埋伏,引诱他们出兵,魏军就没敢追击。檀道济就用这种办法,让几十万大军连夜安全撤退了。

这就是成语"唱筹量沙"的出处,比喻安定军心、制造假象来迷惑敌人。

大话成语

不欺暗室
bù qī àn shì

——出自《列女传·卫灵夫人》

春秋时期，卫国的卫灵公有一位很贤惠的夫人，夫人有时候跟着卫灵公一起临朝，对国家大事，她有自己的看法。卫灵公回到宫苑里，有时候就跟自己的夫人议论手下的朝臣，他夫人一谈自己的见解，卫灵公就觉得他妻子跟他的见解基本相似，有的时候比他还高明，卫灵公对夫人很是佩服。

一天晚上，卫灵公跟夫人在屋子里正议论朝中的事情，忽然听见宫苑外由远而近有车马的声音，马铃声、马蹄声、车轮声混杂在一起，马奔着宫苑方向而来。卫灵公就把话停住，听了一会儿，车马到了宫苑外停住了，没了动静。又过了一会儿，这车马向另一个方向越来越远地奔去了。卫灵公问他的夫人："你猜这个人会是谁？我这宫苑外边一般的百姓是不让走的，能在这里走的起码是朝中大臣，你猜是哪个大臣呢？"卫夫人说："这不用猜，我敢断言这人就是大夫蘧（qù）伯玉。朝廷之中我认为最尊敬您、最忠于您的，谁也比不上大夫蘧伯玉。这次也肯定是他，他从远处来到咱们宫墙外头，按照我们国家的规矩，大臣走到这里要下马，要向宫苑施礼，过去以后再上马。这么晚了，还能在这儿按这种礼节行动的，只有蘧伯玉才能做到，我认为肯定是他。"卫灵公半信半疑，第二天，卫灵公上朝问蘧伯玉："你是昨天晚上刚回到家吗？"蘧伯玉告诉卫灵公，昨晚他确实是从外地刚回来。卫灵公又派人暗地里打听，昨天晚上走到宫墙外下了马，施完礼，才又上马走的，果然是蘧伯玉。

卫灵公回来之后，夫人就问他：

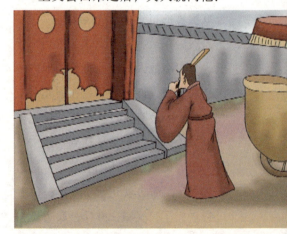

"怎么样？我说得对不对？"卫灵公故意说："你说得一点儿都不对，那根本就不是蘧伯玉。"夫人一听反而高兴地说："那我要给您道喜。如果不是蘧伯玉的话，就说明在朝廷之中，又出了一个跟蘧伯玉一样的大臣。这个大臣不但明面上忠于你，背地里对你也有一分尊敬啊。"卫灵公听了，叹息一声，"真要这样，那就好了。实不相瞒，真就让你说对了，昨晚的就是蘧伯玉。"

"不欺暗室"这条成语就从此故事演化而来，它是说在没有人看见的地方，也不做见不得人的事，后用来赞誉慎独自律的人。

病入膏肓
bìng rù gāo huāng

——出自《左传·成公十年》

春秋时期，晋景公晚年得了重病，本国的大夫都治不了。晋景公求助于秦国，秦国派出了最有名的大夫，这个大夫名字叫缓，姓什么史书上则没记载。缓大夫还没到晋国的时候，晋景公夜里睡觉做了个梦，他梦见有两个小孩在一块说话。其中一个说："咱俩可要倒霉了，你知道吗？秦国要派那个缓大夫来，他一来，咱俩就无处藏身了。"另一个满不在乎地说："怕什么，咱俩就藏在那个膏下头，肓上头，这样他就找不着咱们。"两个小孩商量完了，就消失不见了。晋景公醒了以后，心想，"他们说藏在膏下边、肓上头，莫非这两个小孩就是两个病魔。"第二天，缓

大夫果然来了，晋景公让他给他诊脉。缓大夫先是观察了一下晋景公的外表，然后问了问病情，一摸他的脉，缓大夫说："大王，您这个病已经很重了，我恐怕治不了。因为您这个病在膏之下、肓之上的位置处，用灸够不着、用

古话成语

针达不到、用药也清不到,所以我是别无办法。"晋景公一听缓大夫说的话,跟昨晚上梦里那两个小孩说的话一模一样。晋景公大为叹服,说:"您真乃神医!"吩咐手下人给缓大夫重赏,过了不久晋景公就死了。

"病入膏肓"的成语典故带有迷信的色彩,按照中医学说,"膏"是心尖上的脂肪,"肓"就是横膈膜,在心和膈之间这个地方的病最不好治。所以,"病入膏肓"形容病情十分严重,无法医治,也比喻事情到了无法挽救的地步。

博士买驴 三纸无驴
bó shì mǎi lǘ sān zhǐ wú lǘ

——出自《颜氏家训·勉学》

"博士买驴"和"三纸无驴"两则成语出自同一个古代故事。

古时候有一个读书人,念的书太多,特别喜欢掉书袋。比方说走在大街上,别人见到这个读书人,问候他:"吃饭了吗?"他回答道:"夫吃者乃饭也,饭者乃米也。夫米者乃农夫所种也,农夫种者乃耕田所取也。春种而夏锄,秋收而冬藏,一年四季粮粟归仓也。"这谁受得了?!由于他老是这个样子,有的人见了他的面,干脆什么也不说,一点头就过去了。怕一说话引出个头来,他不定要说多少呢。大家背地里还给他送了个外号——"博士",这书生可就扬了名了。

这天,"博士"要买一头驴,就上集市去了,碰见一位卖驴的,双方讨价还价,最后达成协议,博士准备出钱买这驴了。卖驴的让"博士"写一个卖驴的契约,卖驴的只要画押就行了。两人来到旁边的一个小铺里头,跟掌柜的借了纸笔,"博士"提起笔来就写,他先从龙写起:"夫喷云吐雾,兴风作雨者

乃龙也,看守夜者乃狗也,应司晨者乃鸡也……"他把这动物世界挨个数了一遍,纸都写了三张,满张都是字,卖驴的这位牵着驴缰绳在这儿站着,看着他写个没完,就问:"老弟,写完了吗?快点写完了,我好摁一个手印,完事了我好走啊。"博士一听,还不乐意了,"怎么可能这么快就写完了呢,我这还没写到驴呢!"这就是"博士买驴"的故事,"博士"写了三张纸还没提到驴,所以这条成语也可以写作"三纸无驴",都是一个意思。

"博士买驴"、"三纸无驴"都是形容写文章废话连篇,不得要领。

非驴非马
fēi lú fēi mǎ
——出自《汉书·西域传》

汉朝时候,西域有很多小国,小国要向汉朝的皇帝进献贡品,进献完了贡品,汉朝皇帝往往都盛情接待使者们,留他们在长安城里边多住些日子。

这些小国中有一个叫龟兹(qiū cí)国,龟兹国的国王有一年到汉朝来进贡,进贡完之后,当时汉朝的皇帝汉武帝就发话了,"您在我这儿就多住些日子吧"。龟兹国国王便在长安城住下了,汉武帝时不常地还把他召到宫里,摆上御宴请他吃饭。出出进进宫廷之内,龟兹国国王觉得还是人家大汉皇帝威风:宫殿修建得多么高大、多么巍峨,琉璃瓦被阳光一照,闪闪发亮,宫里边出出进进的宫娥侍女穿着的衣裳都五颜六色,看得人是眼花缭乱,汉朝皇帝吃的是山珍海味,银耳燕窝,天上飞的,地下跑的,草里蹦的,水里凫的,要什么有什么,人家升殿的时候,钟声还那么清脆,老远就能听着。这龟兹国王心想,我那龟兹国的王宫跟人家这儿一比,也就比人家茅房强点儿。

龟兹国国王在长安城整整住了一年之后才回去。回国以后,他对自己的朝臣说:"我们应该多向大汉朝的皇帝学习。"但是西域那个地方,经济等方面跟汉朝都不能比,有的东西根本就没有,置办不起来,只能用类似的东西替代。宫殿是修起来了,但要比汉朝皇宫小得多；宫娥侍女穿的衣服款式跟汉朝女人穿得是一样了，但质量是不一样的。造个钟也很困难，造不出大铜钟，就弄了一个铁钟，敲出来的声音也不对。

于是龟兹国满朝文武大臣背地里就议论开了，有位大臣就说："咱们这个国王啊，去了汉朝一趟之后，回来整个脾气都改了，什么事都学着汉朝。可咱们跟他们那儿不一样，那是汉朝，咱这是西域，自然条件不一样，风俗习惯也不一样，这愣要学，学得不像，还把咱们自己的东西都给丢了，你说这叫什么玩意儿？！我看啊，不是马，也不是驴，你们说这是什么？"旁边有的大臣就说了："这叫非驴又非马。"

"非驴非马"这条成语由此而来，比喻不伦不类，什么都不像。

不食周粟
bù shí zhōu sù
——出自《史记·伯夷列传》

古时候，有一个孤竹国，孤竹国国王有三个儿子，在国王的眼中，这三个儿子中，老大和老小最好，大儿子叫伯夷，三儿子叫叔齐。按照当时的规定，立太子，也就是立继承王位者，应该是立长子。但是孤竹国国王认为长子虽然品行道德非常好，却太忠厚老实，老三叔齐的品行道德也好，但是聪明伶俐，所以国王宣布立小儿子为太子，就是说将来他死了，由小儿子继承他的王位。

后来孤竹国的国王病死了，按照遗嘱，应该是叔齐接替王位。朝廷的大臣，包括他大哥二哥都劝说叔齐举行继位大典。可是出乎他们意料，叔齐说："我不能继位，因为按照国家的规矩，继位的应该是长子，大哥人品学识都不错的，凭什么要让我继位呀,应该由大哥继位。"老大伯夷就说:"先父生前已经留下遗言,让你继承王位。你现在继承了王位,也是遵守先父的遗愿。"这两个人谁也不愿继承王位,最后老大伯夷跑了,离开了孤竹国,伯夷心想:"叔齐你不继承王位,我就走,我看你怎么办?"叔齐得知了消息,跟着也跑了,跟他大哥跑的是一个方向。叔齐伯夷一走,国家没有头儿了,最后老二得到了一个现成的王位。

伯夷叔齐哥俩最后凑在一起了。两个人一合计,觉得当时的周文王最贤德,于是就投奔周文王去了,当他们来到周国国都的时候,才得知周文王已经死了,周武王继位,武王继位之后,起兵伐纣,全城的老百姓都出来欢送武王,满街上都是军队和老百姓。伯夷跟叔齐两人一听这件事,当时就来火了;他们两人认为武王伐纣不对,纣王是全天下的天子,天子怎能随便讨伐?讨伐天子那就是不忠不义。而且文王刚死,作为儿子的应该守孝三年,才能再干别的事,可武王现在就带着军队出去打仗了,这就是不孝啊。兄弟两人按照当时的礼教标准来衡量周武王,越想越生气,便站到大街当中,拦住武王的车马,说要见武王,两人还报出字号来:"我们是孤竹国来的,我叫伯夷,他叫叔齐,我们是亲兄弟。"

前面的军士就禀报武王旁边的军师姜尚,也就是姜太公姜子牙,姜子牙说:"不要动这两个人,他们是孤竹国的两位贤人。"伯夷、叔齐的人品在当时列国之中是人所共知的,所以姜太公只让人把他们两人拉开,却没有伤害他们。

武王最后把纣王消灭了,纣王死,天下就成了周朝的了,周武王号称天子。伯夷和叔齐说什么也不愿意为周朝效力,就跑到首阳山去了,在山里边藏着,有人给他们送饭也不吃,为什么?他们认为送来的是周朝的东西,不愿意吃,只采山上的薇菜充饥,最后两人都饿死了,这就是"不食周粟"的典故。

"不食周粟"本指伯夷、叔齐在商朝亡后不吃周朝的粮食而死,后比喻忠诚坚定,不因生计艰难而为敌方工作。

冰清玉润
bīng qīng yù rùn

——出自《晋书·卫玠传》

卫玠是晋朝人，字叔宝，从小跟别的小孩儿长得不一样，皮肤特别好，就像宝玉一样透亮。卫玠小时候，梳着两个小鬏鬏，赶着一只小羊，拉着小车，在市场里一转，市场里所有卖东西的人都惊呆了，都称呼他为"玉人"，真就像一个玉雕的小孩儿一样，这人想过来摸一把，那人想过来掐一下，惹人喜爱到了这种程度。卫玠的舅舅叫王济，当时也是非常有名的人物。王济说："我不敢跟我外甥在一块儿待着，我要跟他一出去，人家都说他是一个玉孩子，我在旁边就自惭形秽。"

卫玠长大后，饱读诗书，专攻玄学，玄学就是老子的哲学。《老子》里有这么一句话，"玄之又玄，众妙之门"。老子的玄学主张无为而治，认为世上万物本来都是没有的，有了"无"才有了"有"，有了"有"才体现"无"。玄学的反复辩证是有一套理论的，卫玠讲起玄学来，头头是道，听者无不叹服。当时晋朝有个非常有名的大学问家，叫王澄，字平子，学问大，见识高。有一回，王澄听卫玠讲玄学，卫玠是滔滔不绝、口若悬河，讲完之后，王澄简直佩服得五体投地，为之倾倒。所以后来有人说"卫玠讲道，平子倾倒"。就是说卫玠讲老子的学说讲得非常好，连名士王澄听了都为之折服、为之倾倒。后来卫玠结婚，岳父是乐广，据说乐广当时在晋朝才压天下、名冠九州，几乎全国没有不知道他的。更重要的一点，乐广品格高尚，人人称颂，卫

玠成了他的女婿后,人们就说:岳父如冰清,女婿如玉润。"冰清玉润",这条成语就这么凑起来了,意思是说岳父像冰一样清明透亮,女婿像玉雕一样那么柔润。后来这条成语常比喻人的品格高洁。

君子固穷
jūn zǐ gù qióng
——出自《论语·卫灵公》

春秋的时候,孔子为了伸张自己的主张,带领弟子周游列国讲述自己的政治抱负,希望各国的君主能够接受他的主张。但是各国君主的表现不一样,那时诸子百家的各种思想都在列国之中传播,有的国家接受了孔子的主张,有的国家就不愿接受他的主张。接受他主张的国君,就给予孔子厚待,而不接受他主张的国君就对孔子很冷漠。

孔子到了卫国,卫灵公就不愿接受孔子的主张,所以招待上就差劲了,饭食也不供给,住处也很一般。孔子一看受到了冷遇,就带着弟子们投奔陈国去了。可是由于在卫国没有带够粮食,路途上粮食越吃越少,很快就不够吃了。大家只好减顿,一减顿就挨了饿。等到了陈国,住下之后,弟子里有好几个已饿病了。孔子的弟子子路是一个直性人,一看师兄

弟们这个躺在床上,那个也躺床上,脸都成菜色了,就跑去问孔子说:"老师啊,我那些师兄弟可都病倒在床上了,要是再没有粮食吃可真是性命危险了。您整天跟我们讲,说君子喻于义,小人喻于利。今天君子,明天君子,君子长,君子短,讲了这么多,

大话成语

我怎么就没听您说过君子受了穷该怎么办？"

孔子回答说："君子固穷，小人穷斯滥矣。"他的意思是说君子要是受了穷，也要固守着这个穷，为什么？君子要等待时机，绝不会因为穷而改变自己做人的原则、改变自己道德规范。而小人呢，他一旦受了穷，就会想办法了，去偷、去抢、去做贼，胡作非为，这就是君子和小人的区别。孔子讲完之后，子路也听出点道理。

这条成语"君子固穷"就流传了下来，指君子能够安贫乐道，不失节操。

定于一尊 焚书坑儒
dìng yú yī zūn　　fén shū kēng rú

——出自《史记·秦始皇本纪》

"定于一尊"、"焚书坑儒"这两条成语都出自同一个故事。秦王嬴政并吞六国后，得了天下，他让大臣们议立自己的尊号。有的大臣就说了："古代最盛名的天子叫三皇，再就是五帝了，那您是叫皇啊，还是叫帝呢？"嬴政一想，不是都有盛名吗，于是就把"皇"跟"帝"连在一块，叫"皇帝"，而且叫"始皇帝"。秦始皇统一天下后，做了很多有利于社会发展的事情，他废除了诸侯割据，建立郡县制，全天下设立三十六个郡，每一个郡下边又管着若干个县，又统一度量衡，统一车轨距，统一了文字。正因为这样，秦始皇自己很得意，他曾经几次出巡，走遍了名山大川，还朝拜泰山，建立碑铭。

这一年，秦始皇在自己宫里大摆酒宴，给自己做寿，群臣齐聚，光博士就来了七十多个，博士是秦朝的一种官名，并不是我们今天的博士，博士还分

很多种,有诗赋博士、术数博士,还有医药博士,都是各种专业里的负责人。大家给秦始皇拜寿,秦始皇当然是沾沾自喜。朝中有一个叫周青臣的仆射,想要讨秦始皇的喜欢,所以就当众向秦始皇溜须拍马,说:"陛下,当年我们秦国只有千里的疆土,如今由于您的神威,海内皆属秦国。只要是太阳和月亮照到的地方,都是秦国的领土。您废除了诸侯割据,建立了郡县制,避免了今后的战争,万民称颂,从古至今,可以说任何一朝的天子,都比不上您的威德。"秦始皇听着,心里特高兴。人都喜欢听别人奉承,不喜欢听别人批评,即使奉承得有点假,他也觉得舒坦。

秦始皇正舒坦的时候,旁边有一位叫淳于越的博士走过来说:"陛下,周青臣所说,我认为不是忠臣之言。您废除诸侯割据、建立郡县之制,不效仿古人,这未必就好。周朝一直使用诸侯制度,周朝天子的儿孙们都领有封地。拿诸侯割据和郡县制比较,您建立的郡县制,使您的子孙后代都没有了封地,都成了平民百姓。将来万一谁要兴兵叛乱,那该怎么办呢?所以我认为,不效仿古人是长久不了的。周青臣刚才说的话未必是真理,由此我认为他不忠。"秦始皇听完之后心里不太高兴,但他还

算是有点涵养,就问下边的大臣:"你们说说,他们两个谁说得对?"丞相李斯就发话了,"当今天子统一天下,海内施威,人人有福,怎么能说不如古人呢?古人又怎么了?三皇五帝当初每个人都有自己治天下的策略,各不相同。今天是今天的事,古人是古人的事,春秋战国,诸侯割据,各个小国之间连年征战不息,还有一帮人专以游说为业,到处靠嘴皮子吃饭,到这讲这个主张,到那讲那个主张,一百个人一百个主张,这天下还能不乱吗?今天始皇帝登基,黑白分明,定于一尊。"意思就是说秦始皇把事情都已搞清楚了,什么事都是由他一个人来决定。"定于一尊"这条成语就来自这里。李斯还对淳于越说:"你们读书人这样做,是厚古而薄今。要依照我的意见,除了秦朝的史书

古话成语

之外，什么诸子百家的论断都是蛊惑之词，都应该把它们烧了。"

由于李斯这一番话，秦始皇就降旨，除了秦朝的史书之外，将诸子百家的书籍全都烧毁，不烧的就砍了脑袋扔在大街上，叫做"弃市"，家里边存有诸子百家的书的，就灭族，官员若知情不报，也同罪。这么一来，很多儒生都在背地里咒骂秦始皇。秦始皇就把这些儒生全都活埋了，这就是历史上有名的"焚书坑儒"。

"定于一尊"、"焚书坑儒"两条成语就这样流传下来了。"定于一尊"，旧指思想、学术、道德等以一个最有权威的人做唯一的标准。"焚书坑儒"是说焚烧书籍，坑杀儒生，毁灭文化。

杵臼之交
chǔ jiù zhī jiāo
——出自《后汉书·吴佑传》

东汉时候有个读书人，叫公沙穆，是个年轻的小伙子。公沙穆很想去京都读太学，当时要读太学，得有一定的经济实力，因为到京都里的衣食住行，都得要钱。可是公沙穆家境贫寒，那时又不像现在可以找社会赞助，只能靠自己。但公沙穆这个小伙子很有志气，他想了个办法，把自己装扮成一个普通的年轻劳动者，给人打工。通过朋友介绍，他就到陈留郡的太守吴佑家捣米去了。

古代捣米的时候，需要有个石槽子，叫"臼"，可以把稻谷放在里面，捣米的工具是一个木头锤子，叫"杵"。公沙穆整天就拿着杵在石臼里边捣米，最初郡守吴佑看见这个小伙子，不以为然。忽然有一天，他听到这个小伙子一边捣米，一边嘴里念叨《论语》里边的话："吾日三省吾身：与人谋而不忠乎？与朋友交而不信乎？传不习乎？"原来这捣米的小伙子是个读书人啊！

吴佑走过来问他："小伙子你叫什么名字？干什么的？"

"啊，我叫公沙穆。我是捣米的。"

"你把手伸出来我看看。"

公沙穆把手伸出来，吴佑一看，

发现他手掌心的地方，已磨起来好几个水泡，这就证明公沙穆不是劳动出身，如果他真是捣米的，手上早就磨出茧子来了，可现在手都起泡了，有的泡还破了，说明这个小伙子是咬着牙，忍着痛苦，在这干活呢，吴佑就更觉得事情蹊跷。公沙穆一看隐藏不住自己的身份，只好以实相告。吴佑与公沙穆继续一攀谈，发现他果然是饱学之士，知识很丰富。吴佑从此跟他经常谈话交往，两个人居然成了朋友。最后吴佑出资让公沙穆去上太学，公沙穆上完太学后，当了一个地方官，做官也非常清廉。

"杵臼之交"字面上的意思就是在臼和杵旁边建立了交情，后比喻交朋友不计较贫富和身份。

分我杯羹
fēn wǒ bēi gēng

——出自《史记·项羽本纪》

楚汉相争，项羽、刘邦两个人争夺天下，最初的时候，项羽的势力强大，刘邦势力微弱，后来情况变了，刘邦逐渐强大起来，项羽势力逐渐削弱下来，两个人达到了势均力敌的状态。

这个时候，项羽就想了个绝招，派人到刘邦的老家，把刘邦的父亲刘太公、妻子吕雉一起都抓到军营里当人质。这天在战场上，项羽招呼刘邦出来，另外又吩咐手下人把刘太公和吕雉押到他队列里的门旗之下,让刘邦可以看见。刘邦过来之后,两个人一对面,项羽就威胁刘邦说:"你的老爹,还有你的妻子都在我的营中,你要是降了我,我就可以把他们放了,交还给你。如果你不降我,我马上就支上一个鼎,添上水,架上柴火,把你爹和你老婆扔到那锅里边,把他们给烹了。"

刘邦听到这里,就笑着说:"项羽啊,难道你忘了吗?咱们两个人当年一起侍奉楚怀王,楚怀王下令让我们两人兵分两路进咸阳,灭暴秦。我们是结拜成为弟兄的,你是我的小兄弟,我是你的老大哥。既然是结拜的弟兄,那我的爹就是你的爹,今天,你把我的父亲押到你的营中,就等于把你的爹押到了营中。你不是想把我们家老爷子给烹了吗?那就等于你要把你的爹也给烹了,这样的话我一点儿都不会着急上火的,你什么时候烹就告诉我一声,如果你马上烹我就在这看着,如果要回营烹杀的话,等煮熟了,请分给我一碗肉羹尝尝。"刘邦的话差点没把项羽给气死,项羽转身就回营了,他最终还是没有把刘邦的爹给烹杀了。

"分我杯羹"当时是刘邦答项羽的话。现在则比喻从别人那里分享一分利益。

杜渐防萌
dù jiàn fáng méng

——出自《后汉书·丁鸿传》

东汉和帝在位的时候,有位大臣叫丁鸿,丁鸿明察秋毫,善断事务,后来官至司徒。他做司徒的时候,发现朝中有个不合理的现象,窦太后暗地专权,什么事都是她说了算,还把她们娘家人都给封了大官,她的大哥窦宪,包括窦宪的兄弟、亲戚，大大小小，都在朝中占有重要的职位。丁鸿不得不为汉室江山暗暗担忧。

有一天，突然发生了日食。日食本来是一种自然现象，但是在古代，古人把这种现象当做是上天发怒的象征。丁鸿就以此为借口上了一道奏章，说："天对人发怒的时候，是要有所表现的。神灵看到人世上有什么不合理的事，都要显现一种征候。最近我发现月亮该圆的时候不圆，该缺的时候不缺，现在更是发生了日食，日食象征着什么呢？象征着下面的群臣在欺压天子，天子就好像缺失的太阳一样。陛下您一定应该要杜渐防萌，防患于未然。""杜"是堵塞的意思。"渐"是指事情的开端，就是说要汉和帝马上杜绝突发事件细小的苗头，要提防着朝中的事。

汉和帝看完奏章后，就在后宫里秘密召见丁鸿，丁鸿进言说："陛下，今天臣冒死罪向您进一言，眼下朝中窦太后专权，汉室江山危险了啊。您别忘了，王莽当年篡夺汉室天下用的什么手段？"这句话提醒了汉和帝，汉和帝马上意识到，当年的王莽也是太后那边的亲戚，最后他建立新朝，取代了西汉。和帝就问："依你之见，应该怎么办？"

丁鸿说："依我之见啊，应该把窦氏家族的权力取消，把他们的官职都罢免，才能保江山牢固。"

"那么谁能做这件事情呢？"

"陛下，您要信得过的话，我就能做这件事情，只是您要给我点兵权。"

于是汉和帝就封丁鸿为太尉，掌管内庭兵卒，所有护卫皇帝的军队都由他掌管。过了几天，丁鸿就把窦宪先给拿下了，把他的印信取了，让他先回自己的府中听候皇上处置。窦宪可能平时也做了不少的坏事，官职一拿掉，心里就没底了，回到家后和他的几个兄弟集体自杀了。

"杜渐防萌"就来自于丁鸿当时对汉和帝的劝谏，指祸患和错误刚有苗头或征兆时，就应该预防制止，不能使它发展。

无出其右
wú chū qí yòu
——出自《史记·田叔列传》

西汉某年，汉高祖刘邦带着军队征讨匈奴，回师的时候，路经赵地，赵王张敖就来迎接刘邦。张敖是刘邦的女婿，刘邦是他的老丈人，又是皇上，这种双重关系，使张敖不知道怎么样接待刘邦才好。刘邦进城后，张敖大摆宴席，小心翼翼，甚至像给刘邦端茶送水这样的小事，他都亲自来做，生怕怠慢了。其实他没有揣测透刘邦的心意，刘邦是个酒色之徒，要是让漂亮的侍女给他端茶送水，刘邦兴许更高兴。看张敖自个儿一端茶送水，刘邦就来气，更没有好心情，老找借口骂他。当着众人的面，刘邦说张敖这也不对，那也不对，有的话就很难听。刘邦走了之后，张敖手下有些人看不过去了，其中有个人叫贯高，对张敖说："你这个老岳父，难怪别人都说他是酒色之徒，他哪像个皇上样啊，对你这个女婿一点儿都不尊重，连我们的脸上都感觉无光，这简直就是个无道昏君，我真想把他杀了。"一听这话，张敖吓得把嘴都捂上了，连说不可。可贯高是个倔脾气，还真去密谋刺杀刘邦了。不知怎么搞的，有人就告了密，刘邦当时大怒，立即派人把贯高和张敖一起抓到京都，关进监狱准备砍头。

张敖手下有个叫田叔的人，性格耿直、坚持公理，田叔觉得张敖从没想着叛反，也没想过谋杀刘邦，是真正的背屈含冤。田叔就带着十几个人去找刘邦，他跪在殿上把前因后果向刘邦讲了一遍。刘邦还能听得进别人的话，仔细一分析，觉得田叔说的有道理，于是就把贯高赐死，让他自

杀,但是把张敖给放了。刘邦对田叔印象也加深了,他对其他大臣说:"作为官员的属下,能为他的上级澄清对错、辨明是非,并冒死来喊冤,这是很少见的,需有一种胆识。在我所见的人中,跟田叔相比,无出其右者。"就是说没有一个能超过他的。

"无出其右"这条成语即来自刘邦对田叔的评价,就是说没有人能超过的意思。

呆若木鸡
dāi ruò mù jī
——出自《庄子·外篇》

西周的时候,周宣王特别爱好斗鸡。斗鸡跟我们平常养的鸡是不一样的,斗鸡只要是斗起来,就往死里掐,不分出胜负不完,哪怕鸡身上撕得血肉模糊。周宣王喜欢斗鸡,养了一个斗鸡的鸡圈,买了几百只斗鸡,但有的时候还是斗不过别人。周宣王听说有个专门培养斗鸡的能人,叫纪渻子,于是他把纪渻子找来,让他培养一只最好的斗鸡,能天下无敌。周宣王领着纪渻子到鸡圈里看,纪渻子挑选了半天,总算挑出一只来,周宣王就等着他培养这只斗鸡。

过了十天,周宣王问他:"鸡驯好了吗?"

纪渻子回答:"大王,现在还不

大话成语

行,这个鸡太精神,连窜带跳,又扇翅膀,又瞪眼睛,太骄傲了,还需要调教。"

又过了十天,周宣王又问纪渚子,纪渚子回答:"现在稳当了一些,有进步了。但是它的眼睛里还有怒气,听见响声就会叫,看见影子还会跳。"

又过了一段时间,周宣王又问斗鸡的情况,纪渚子说这回成了,纪渚子把斗鸡拿来往周宣王前边一摆,宣王一看,很奇怪,这鸡眼睛不转,翅膀抿着也不扇,站在那里一动不动,整个像一木头鸡,周宣王就说:"这不是呆若木鸡吗?"纪渚子回答:"大王您不知道,斗鸡训到现在这种程度,才是最高境界。虽然有时候它还会啼叫,可已不会惊慌了,看上好像是木头做的,但精神上却完全准备好了。其他鸡都不敢来挑战,只有逃跑的份儿。"周宣王就试了一次,果然,其他斗鸡一看见这只鸡都不敢上前,全被吓跑了,有几只想试一试,但一上来就失败了。

成语"呆若木鸡"即来自上面的故事,最初它有大智若愚的意思,后来就直接从字面上解释,形容因恐惧或惊异而发愣的样子。

临渴掘井
lín kě jué jǐng
——出自《晏子春秋·内篇》

春秋时候,鲁国年轻的国君鲁昭公在自己的国家里待不下去了,就跑到齐国要求政治避难。

齐景公问他:"你这么年轻,为什么不在自己的国家当国君,却跑到齐国来?"

鲁昭公回答:"我小的时候,很多人都爱护我,围着我转,但是,我与他们并没有什么亲情。长大以后,有人向我进谏,我也听不进他们的话。这样一来,我是内无助者、外无帮者,觉得很孤立,可现在呢,奉承我和对我说假话的人是越来越多,却没有一个人是真心帮助和拥护我的,我就像秋天的蒿草,虽然枝叶上还有那么一点儿绿,但是根茎已经烂了,秋风一起,就会将我连根拔起,所以我觉得不能在我的国家待下去了,待长了没好处,就跑到您这来,

想求您让我在齐国住下。"齐景公有点同情他,就让他住了下来。

接着齐景公就找来自己的谋臣晏子,齐景公说:"鲁昭公这个人,说话还是口快心直的,心里怎么想,他就怎么说。他把自己的处境说得很形象,我觉得现在这样的人很少了,我想帮他回转鲁国,稳定他的国君地位,你看如何?"晏子一听,连忙劝阻齐景公:"您千万不要这么做。有人掉水里了,有淹死的危险,那是因为他对水从没有防范,没学过游泳;迷路的人走着走着找不到道了,说明他平时就没记过道。这种人往往口渴的时候才想起挖井取水,却来不及了。鲁昭公就是这样一个没有远见的人,您帮他也没有用。"

"临渴掘井"这条成语即来自于晏子对鲁昭公的评价,现比喻事先没有准备,临时才想办法。

期期艾艾
qī qī ài ài
——出自《史记·张臣相列传》、《世说新语·言语》

成语"期期艾艾"是由"期期"和"艾艾"两个故事结合而来的。

刘邦当了天子以后,要册立太子。本来,他立的太子是吕后生的长子刘盈。可是刘邦很宠爱戚夫人，戚夫人也生了个儿子，叫刘如意，刘邦就想废长立幼，专门为这个事开过群臣大会，大臣们都持反对意见。当时有个大臣叫周昌，跟刘邦是老乡，都是沛县人，当年曾与刘邦一起在沛县兴兵起义。周昌想，废长立幼违反了国家的大规矩，千万做不得。所以就亲自找刘邦来了，他说："臣口难以言，然臣期期知其不可。陛下欲废太子，臣期期不奉诏。"意思是说，我虽然不善言辞，但知道此事不能这么办，如果陛下想废太子，我就再不服从您的命令了。周昌有个毛病，说话口吃，带嗑巴，尤其是着急的时候，越着急越结巴。所以在说话的时候，把本不需重叠的"期"字说成了"期期"二字。

"艾艾"则是三国末期魏国名将邓艾的故事。邓艾和周昌一样，也患有口吃，他在自称名字时，常常连说："艾……艾"。有一次，司马昭和他开玩笑说"你老说'艾……艾'，究竟是几个艾呀？"邓艾很聪明，巧妙地回答说："古诗中也说'凤兮，凤兮'，本来就是指一个凤。"

后人就引申出"期期艾艾"这句成语，形容口吃的人说话很不流利。

断头将军

duàn tóu jiāng jūn

——出自《三国志·张飞传》

公元211年，刘备进兵西川，派大将张飞做先锋官。张飞的人马到了江州巴郡地界，巴郡太守严颜是一位老将，严颜一直闭门不战，因为他自知敌不过张飞，因此不同他死拼，只命军士紧闭城门，严加防守，企图拖延时日，想等张飞军粮耗尽、军心涣散的时候再出击。张飞性急,几次三番引兵挑战,严颜还是坚守不出。

有一天,张飞抓住了两个樵夫,樵夫告诉张飞。说还有一条小路能绕过巴郡。其实这两个樵夫是严颜派来的间谍,故意给张飞透露这个信息的。两个间谍回来后向严颜做了禀报,严颜当天晚上就带着军队悄悄地出了城,埋伏在这条小路两旁的树林之中,等着张飞上钩,过了一会,张飞的队伍果然来了,张飞在队列的前面,骑在马上,提着蛇矛传达命令,等张飞的队伍走过了一大半的时候,一声炮响,严颜就冲出来了,没想到身后又杀出个张飞,严颜都纳闷了,"怎么还有个张飞呀?"其实张飞是粗中有细,前面的那个张飞是兵士假扮的,后面的张飞才是真的,真张飞跟严颜两人一动手,严颜被活擒了。原来,张飞早就识破了严颜的计谋,于是将计就计,设法把严颜赚出城来,趁机擒住,张飞也就攻破了巴郡。

抓到严颜后,张飞高坐厅堂,让手下把严颜推过来。严颜不肯跪下,张飞大声叱喝:"我大军到此,你为何不早早投降?"严颜全无惧色,昂首回道:"我们只有断头将军,没有投降将军!"张飞大怒,喝令左右:"推下去砍了!"严颜脸色不变地说:"砍头就砍头,何必发怒!"张飞是个豪爽好义的勇将,见严颜如此坚强不屈,十分钦佩,当即向他赔罪,以礼相待,最后严颜还真就投降了。

这就是成语"断头将军"的出处,比喻坚决抵抗,宁死不屈的将领。

大树将军
dà shù jiāng jūn

——出自《后汉书·冯异传》

西汉和东汉中间夹有一个新朝,新王朝的建立者是王莽,王莽篡了西汉皇帝的位子,做了13年的皇帝。新朝末期,天下大乱,诸路义军纷纷举旗反对王莽。其中最有影响的是刘秀的军队,刘秀很有文化,曾经念过太学。

不久,刘秀起兵到了河南富城,富城的守将叫冯异,熟读兵书、精通战略,冯异还管着其他五个县,当他从自己城中出来视察别的县的时候,被刘秀的部队在半路上抓住了。刘秀劝冯异归顺,冯异与刘秀经过一番攀谈,觉得刘秀非同他人,冯异说:"您要我投降也行。但是我现在就此降了您,也就我一个人,没有什么大的作用。您要相信我的话,就先把我放回富城,我的母亲还在富城城里,我得向我母亲说清楚。然后,我再去富城周围管辖的这五座城池,劝他们的守将跟我一起投降,您看如何?"刘秀就把他放了。冯异回去后,跟他一个同事叫苗萌的一商量,把管辖的五座城都献给刘秀了。刘秀最后

取得了天下,冯异被封为"云台二十八将"之一。

冯异为人处世谦虚退让,从不自夸。出行与别的将军相遇,就把马车驶开避让。军队前进停止都标明旗帜,在各部队中号称最有纪律。而每到一个地方停下宿营,其他将军坐在一起讨论功劳,冯异就独自退避到树下,所以军中称他为"大树将军"。刘秀攻破邯郸后,要重新安排各将领任务,士兵们也要被分配隶属,大家都说愿意跟随"大树将军"冯异,刘秀因此而对他大为赞扬。

成语"大树将军"原来是特指东汉的冯异,后常指不居功自傲的将领。

亡戟得矛
wáng jǐ dé máo

——出自《吕氏春秋·离俗》

春秋时期,晋楚两国交战。战场上有一个小士卒,打着打着突然内急,想上厕所,就跑到战场旁边的树林里,他把戟往地下一戳,自己方便去了。他方便完了,却发现自己的戟没了,于是就往前走,发现有一个战死的军卒身旁有一支长矛,于是这个士卒就把长矛捡起来,又回去寻找自己的队伍,却发现已经撤离了。

这个士卒心想,戟没了,却捡回一个矛来,回去之后见了长官,也不知道算不算犯罪。这时路旁边有一个捡粪的老头,正背着个粪筐、拿着粪叉子在捡粪,这个士卒就问他:"老爷子,我跟您说个事。我原来有一支戟,弄丢了,但我又捡到一支长矛,这长矛跟那个戟都是兵器,您说,我这算不算有错?"老头一听,没觉得这个士卒有什么问题,就说:"丢了戟又捡了个长矛,就像我有时候拿粪叉子,有时候又拿小铁铲,都一样,只要能捡粪就行。你的兵器,只要能杀敌就行。"这士卒于是继续往前走。

过了一会,士卒碰见一个叫叔无孙的低层军官,士卒就问:"长官,问您个事。我原来拿的是戟,却在战场上弄丢了,后来我又捡到了一支矛,戟换成了矛,您说我有错没错?"叔无孙坐在马上听完就说:"你把自个儿的兵器弄丢了,这就有罪呀。虽然你又捡来一个兵器,但这个兵器可能是敌人的。戟就是戟,矛就是矛,你的就是你的,敌

大话成语

人的就是敌人的。如果你想要免罪,就应该拿着这支矛到疆场上去找回自己的戟。"听完叔无孙这番话,士卒就提着长矛又回去了,结果战死在敌人的手下。

有人把这消息告诉了叔无孙,叔无孙说:"这个士卒真是个君子。当别人听从你的话遭到了灾难的时候,你也应该跟他一起共患难。"说到这里,叔无孙策马也上了前线,最后叔无孙也战死了。

"亡戟得矛"这条成语即来自于此,比喻得到的和失去的相当,或有失有得。

首鼠两端
shǒu shǔ liǎng duān

——出自《史记·魏其武安侯列传》

西汉汉武帝的时候,当时的丞相田蚡和另外两位大臣灌夫、窦婴关系不和。

有一天,田蚡娶了一个小妾,他就在府中设宴款待众臣。酒宴之上,田蚡对窦婴就有怠慢之意,他端着酒给大家祝酒,走到窦婴处,却假装一回头,就过去了。灌夫是位勇将,脾气火爆,他一见田蚡这样,就站起来,也端着杯,给大家敬酒,敬到田蚡这儿,就说:"丞相,您是大官,您比我们位子都高,这酒您能喝吗?"田蚡说:"我不喝又怎么着?""您要喝,算瞧得起我,您要不喝,那我也没得说,谁让您是丞相呢。"旁边有一个人就拍田蚡马屁:"灌夫,你那话说得不对,对丞相这样说话太不礼貌了。"灌夫借茬把拍马屁的那位骂了个狗血喷头,实际上很多话是冲着田蚡的,田蚡也听出来了。酒席散后,田蚡马上吩咐手下人把灌夫看押起来,他认为,灌夫作为国家的一员武将,大庭广众之下,竟然敢谩骂国家朝臣,罪当弃市,就是说要把他杀了,把尸体扔在大街上示众。

窦婴得知后马上就去找汉武帝,

说:"像灌夫这样立了很多战功的人,怎么能因为说错几句话,丞相就要把他杀了呢?这也太不合理了。"汉武帝就把田蚡找来问,田蚡说灌夫傲慢无礼,虽然曾立过战功,但是有功当赏,有过当罚,他现在的过错太大了,必须得杀。窦婴说不该杀,田蚡说该杀,汉武帝没了主意,便让朝臣们讨论。管理弹劾官员事务的御史大夫韩安国说:"陛下,按照田丞相所说,灌夫傲上狂妄,欺压群臣,虽然有功也当杀,我觉得确有道理。再按照窦婴大人所说,灌夫在战场之上曾经冲入万人军中,身受十处伤,最后还斩敌将首,我觉得确实不该杀。"说了半天跟没说一样,这可把田蚡气得够呛。当大臣们下朝的时候,田蚡就把韩安国叫到自己的车上说:"在金殿上你本应该向着我说话,怎么能首鼠两端呢?"意思就是说韩安国的态度就像耗子从洞里边探出脑袋,这边看看,那边看看,拿不定主意。

"首鼠两端"这条成语就此而来,它形容在两者之间犹豫不决又动摇不定。

倒屣相迎
dào xǐ xiāng yíng

——出自《三国志·魏书》

东汉末年,有位大文学家叫蔡邕,蔡邕不但精通诗词歌赋,还精通音乐术数,可以说是个很全面的人才。因为蔡邕的出众,所以他的府第门前总是车水马龙、人来人往、络绎不绝。蔡邕的朋友和学生们也经常上他家里向他求教。

有天蔡邕正在客厅里和很多朋友学生引经据典、谈论文学。忽然仆人来报告说王粲来了,蔡邕立即起身出迎,因为他太高兴,竟顾不上穿好鞋子,倒拖着鞋子就跑出去迎接。在场的客人们看到蔡邕匆忙的样子,以为来了显赫的贵宾，都恭敬地等待着。后来看到蔡邕迎进来的只是一个年轻人，长得其貌不扬，比较清瘦，脸色有点灰黄，但蔡邕对他非常客气。大家你看着我，我看着你，觉得非常惊奇。蔡邕对大家说："这位就是王粲。诸位不要小看这位少年，这可是真正的当代奇才，将来前程不可限量，我也不如他呀！"

大家正满怀疑虑，蔡邕就讲了王粲的几个故事。有一回王粲和他的朋友在路边发现了一块石碑，碑上刻有碑文，碑文能有五六百字，王粲当场就把碑文全背了下来，还指出了其中的一个错字。还有一回，王粲看人下棋。棋刚刚开局不久，其中一人把棋盘角给碰了，这一碰，棋局就全散了。王粲在旁边说："您二位就接着下吧。"下棋的两个人说："这怎么下呀？刚才那棋局是什么样的，我们都不记得了。"于是王粲就帮他们按照原样把棋子都摆上了，摆完之后两人一看，果然一点不差。大家听蔡邕这么一说，才知道王粲原来这么厉害。

成语"倒屣相迎"当时是说蔡邕热情迎接王粲的情景，后来流传下来，形容主人热情欢迎宾客。

割席分坐
gē xí fēn zuò
——出自《世说新语·德行》

三国时期的管宁和华歆是好朋友，经常一起到各地去游学。读书的时候，两人经常同坐一块席上，但是管宁跟华歆性格完全不同，管宁比较淡漠功名，只是专心做学问，而华歆追求功名的欲望非常强。

有一回管宁和华歆一起在园中锄菜，看到地上有块金子，管宁依旧挥

锄,像看到瓦石一样不动声色,华歆却拿起这块金子来,高兴得直蹦,"哎呀,这回我可发财了。"他这一嚷,管宁回过头来看了看他说:"怎么了?金子有什么好的?我们不是经常说视黄金如粪土吗?你这样还是视黄金如粪土吗?"从此,管宁就有点瞧不起华歆。

还有一回,两人正坐在一块席子上读书,忽然听见外面鸣锣开道,有个官员从门前经过,华歆就说:"看看去吧。"管宁说:"我不看,要看你去看吧。"华歆就出去了,看了老半天才回来,回来之后,兴奋情绪还没有平定下来,却看见管宁已把席子割开了,管宁说:"你我并不是志同道合的朋友,还是早些分开为好。"

"割席分坐"这条成语由此而来,是指把席割断,分开坐,比喻朋友之间绝交。

高屋建瓴
gāo wū jiàn líng

——出自《史记·高祖本纪》

楚汉相争期间,刘邦和项羽两人征战多年,最后垓下一战,项羽败北,乌江自刎。刘邦遂得了天下,建立了大汉王朝。

大话成语

第二年有人向刘邦密报，说楚王韩信意图谋反。刘邦听后心里非常震动，因为当年消灭项羽，主要是韩信的功劳。于是刘邦召集他最信得过的几个大臣开紧急会议，其中有不少大臣主张马上发兵剿灭韩信。

谋士陈平却不这么认为，他说："陛下，我认为这样做并不妥。首先，说韩信谋反，可现在还没有真凭实据。其次，如果出兵，我们的兵力不如韩信的兵力，我们的将军不如韩信的将军，没有把握能平灭韩信。最后，如果报密者有误，韩信根本没反，我们这一发兵，倒把他逼反了。"

"那依你之见怎么办呢？"

"您可以假装到云梦泽去游玩，云梦泽在陈楚两国之间，所有的官员将领都得去拜见您，韩信肯定也要去。韩信去拜见您的时候，您可以把他先拿下，然后再问罪也不迟。"于是刘邦就听从了陈平的建议，果然把韩信抓住了。

大夫田肯知道后，就来拜见刘邦，说："臣有几件事，值得向陛下祝贺。一是韩信的束手就擒；二是陛下牢牢地控制着关中，可以利用这雄险的地势，来控制驾驭诸侯，就像从高高的屋脊上把水从瓶子里倾倒下去，不可阻挡。""高屋建瓴"这条成语就从田肯的话里流传下来。田肯又说，"齐地两千多里，七十余城，非常重要，控制住这里，便可以一当十。如此重要的地方，非亲子弟是不能封他做齐王的"。刘邦听出田肯是在婉转地为韩信求情的意思，因为当年定三秦、平齐地，主要都是韩信的功劳。于是，刘邦赦免了韩信，只是将他降为淮阴侯。

田肯对刘邦说的"高屋建瓴"后来演变成成语，字面意思是说在高屋顶上倒翻瓶子里的水。"建"借用以代替"瀽"字，即倒水，泼水；"瓴"是盛水的瓶子，也有的说是瓦沟。它比喻居高临下，不可阻遏。

黄袍加身
huáng páo jiā shēn

——出自《宋史·太祖本纪》

五代十国后期，周世宗柴荣死了，他七岁的儿子柴宗训继位，符太后听政。政局很不稳定，京城里人心浮动。恰恰这个时候得到一个消息，说北汉联合契丹兴兵犯境，朝中大臣一商议，就派大将赵匡胤前去迎战，赵匡胤本来是周世宗手下得力将领，跟随周世宗南征北战，立下不少战功。周世宗在世的时候，对赵匡胤十分信任，派他做禁军统帅，官名叫殿前都点检。禁军是后周最精锐的一支部队。

赵匡胤接到出兵命令，立刻调兵遣将，带大军从汴京出发。跟随他的还有他弟弟赵匡义和亲信谋士赵普。天快黑时，大军到了离京城二十里的陈桥驿，赵匡胤命令将士就地扎营休息。说也奇怪，傍晚时候，可能是由于阳光折射的原因，在云彩里又反射出一个太阳来。赵普就说，今天西天出两个太阳，这象征着一个太阳要落下去，另一个太阳要升起来。将领们也聚集在一起悄悄商量，有人说："现在皇上年纪那么小，我们拼死拼活去打仗，将来有谁知道我们的功劳？倒不如现在就拥护赵点检做皇帝吧！"大伙听了都赞成，就推一位官员把这意见先告诉赵匡义和赵普。那位官员到了赵匡义那里，还没有把话说完，将领们已经闯了进来，亮出明晃晃的刀，嚷着说："我们已经商量定了，非请赵点检即位不可。"没多久，消息就传遍了军营。将士们全起来了，大家闹哄哄地拥到赵匡胤住的驿馆，一直等

古话成语

到天色发白。

赵匡胤夜里喝了点酒，睡得挺熟，一觉醒来，只听得外面一片嘈杂的人声，有人打开房门，高声地叫嚷说："请点检做皇帝！"赵匡胤赶快起床，还没来得及说话，几个人就把早已准备好的一件黄龙袍七手八脚地披在赵匡胤身上。大伙跪倒在地上磕了几个头，高呼"万岁"。接着，又推又拉，把赵匡胤扶上马，请他一起回京城。赵匡胤推托再三不行，只好当了皇上，也就是后来的宋太祖。

"黄袍加身"这条成语由此得来，后来比喻发动政变获得成功。

洪乔捎书
hóng qiáo shāo shū

——出自《世说新语·任诞》

晋朝有个叫殷羡的人，字洪乔，在豫章郡做太守，豫章是在今天江西南昌一带。当时晋朝的上层人物中，尤其是文人里有一种风气，就是自认为超尘脱俗、放荡不羁，想怎么着就怎么着，用我们今天的话说就叫个性张扬。比如说当时有个好喝酒的刘伶，经常提着酒瓶子满街逛，还让自己的一个仆人拿着铁锹在后边跟着，说哪天如果他醉死了，仆人可以就地刨坑把自己埋了。

殷洪乔自以为是文人雅士，也要个性张扬。有一天，上边来了调令，让他进京都。殷洪乔就把当地郡里的朋友们都找到一块儿，当众宣布说："我要进京都了，各位如果有什么事情要拜托我办，尽管提出来就行。"当时很多人倒没提别的要求，只让他给带信。古代没有专业的邮局，信一般都是由单独的信使或者是托人捎带。结果是张也托，李也托，殷洪乔要带到京都的信有一百多

封,殷洪乔是满口答应。

回京路上,殷洪乔先过了赣江,又到了一个叫石头渚的地方,古代把内陆上有一汪水而形成湖泊的地方叫渚,因为这个渚上有一块大石头,所以起名叫石头渚。殷洪乔来到渚边,把托他带的信全部拿了出来,面朝苍天,神色肃穆,口中念念有词:"都请到水里去吧!要沉要浮随你们自由。有些人真不知好歹,我殷羡不当太守了,可也不能给人家当信使啊!"

后来人们把"洪乔捎书"这条成语留下来了,就是说拜托一个不可信任的人带信,竟是这样一个结果。后人也把托人捎信捎不到的情况,称作"洪乔捎书"。

噬脐莫及
shì qí mò jí
——出自《左传·庄公六年》

春秋时候,有一年楚文王要兴兵打申国,申国当时是一个小国。楚国打申国要路经邓国,邓国的国君邓祁侯是楚文王的舅舅,邓祁侯一听楚文王要从本国路过,就准备大排宴席,款待楚文王。

邓祁侯还有另外三个外甥,这三个外甥一听到消息,就劝说邓祁侯在酒席上杀掉楚文王,他们说:"我们三个人上次到楚国去,跟楚王在一块儿喝过酒。那天他喝醉了,酒后吐真言,说邓国是他的盘中餐,不定哪天就要把邓国吞并了。我们当时说:'邓国的国君可是您舅舅啊。'他说:'舅舅又怎么了,国与国之间根本就不存在什么亲戚。'这小子心多黑呀,所以今天我们向您献计。您给他摆酒宴,他强大,咱们国小,是弱势,他不会有防备之心。这个时候,您要不给酒里下点毒,要不就在大厅里边埋伏下刀斧手,趁他喝醉的时候,喊人出来把他宰了就得了。"

邓祁侯考虑到楚文王是自己的外甥,不同意:"如果我把我的外甥给杀了,全天下的人都得把这件事传作话柄,人们怎么看待我啊?恐怕将来我到庙宇里边去祭祀,祭祀完的东西都没有人捡着吃了。"

三个外甥还是继续劝说邓祁侯:"灭亡邓国的,一定是楚文王。如果不

大话成语

早点想办法,一旦有了急事,就像人咬不到自己肚脐一样,后悔也来不及。现在下手正是时候,您还是赶紧吧,如果您不听我们三个人的话,土地和五谷的神明将来都得不到您的祭享,哪里还有人吃剩下来的东西?"邓祁侯斗嘴斗不过三个外甥,但还是很顽固,坚决不让他们去杀楚文王。

后来的事实证明他三个外甥是完全正确的。楚文王把申国平灭了,回师的时候,他果然想把邓国灭了,幸亏当时邓国还比较强大,没有遭遇亡国之灾,但十年之后,楚文王到底还是把邓国给灭了。

"噬脐莫及"这条成语就来自邓祁侯的三个外甥劝邓祁侯的话里,意思是说,就像人咬不到自己肚脐一样,后悔总是来不及的。

归马放牛
guī mǎ fàng niú
——出自《尚书·武成》

商朝末期,商纣王荒淫无道,嗜杀成性,残害百姓,非常骄奢淫逸。他宠爱妲己,为了取得妲己的欢心,曾经修了酒海肉林,筑了鹿台,百姓们怨声载道,恨不得他快点垮台。

后来周武王兴兵征讨纣王,他在军师姜子牙的辅佐下,调集了300辆战车、3000名禁卫军,还有数万名穿甲胄的兵士,汇合各路诸侯人马,共同兴兵伐纣。

纣王得到消息后，聚集了更多人马。两军在牧野大战，别看两军人数悬殊，可士气、心情可不一样。武王在伐纣之前，列举了纣王的各种罪名，向他的军士们说："我们现在是替天行道，为民除害，所以我们必胜，敌人必败！"而纣王手下的兵卒大多数都是被他抓来的奴隶，早就对纣王的所作所为恨之入骨。到了战场上，纣王的兵士不等开打就投降了，马上反戈一击，一转身领着周军就杀奔纣王的京都而来。纣王知道自己大势去已，只好跑到鹿台上放火自焚。鹿台原是他享乐的地方，里边有很多珍贵的宝物，最后倒成了他的坟墓。纣王放火自焚，武王就这样得了天下，建立了大周。

纣王做了很多坏事，最有名的是两件事。一是纣王的叔父箕子曾经向他进言，结果纣王不听，箕子怕纣王杀他，就装疯卖傻藏在奴隶的队伍里去了，但后来还是被纣王发现关到监狱里。还有就是纣王的叔父比干也向纣王进谏，苦谏了三天，纣王听烦了，便说："您老那么说我，看来您就是圣人，我听说古代的圣贤的心有九个窟窿，我想看看你是不是。"就吩咐武士把比干开膛摘心。

武王伐纣之后，首先就把纣王的叔父箕子从监牢里放出来，然后又把已死的比干丞相的坟墓重新修葺，这两项举动深得民心。他又向全国的老百姓宣布战争已经结束，大家都应该过和平的生活，所以就把当时为打仗而在民间征集来的马和牛等物资都退还给了老百姓，让老百姓安心从事自己的农业生产，这就叫"归马放牛"。

成语"归马放牛"后用来比喻战争结束，不再用兵。

合浦珠还

hé pǔ zhū huán

——出自《后汉书·循吏传》

合浦是汉代的一个郡,就是我们今天的广西北海附近,合浦的海边有很多的珠蚌,能产珍珠,所以当地的老百姓以珍珠为生活来源。正因为盛产珍珠,合浦的一些贪官污吏就制定了一些土政策,要老百姓大量采摘珍珠,采完之后,全都要归公家。老百姓为了完成任务,整天下海去采珍珠,这就违反了自然规律,而不是有计划的、带长远眼光的做法。这么一来,附近海中带有珍珠的蚌几乎都快灭绝了,这些蚌好像也懂人事似的,一看有人整天在这采珠,就都跑到临近的交趾地区去了。蚌一少,珍珠采不到,老百姓就没有钱换粮食,没有粮食就没法生存,为此很多老百姓都生生饿死了。

汉朝的皇帝知道这个情况后,立刻派了一个叫孟尝的人去调查。孟尝到合浦后,了解了当地的情况,马上制定了新政策,把原来贪官污吏制定的土政策全都废除了,他告诉老百姓一定要有计划地采摘珍珠,决不能这

么滥采。孟尝制定的这个政策很像我们今天的科学发展观,老百姓有计划地采珠后,珠蚌就从交趾那边又回来了,所以叫"合浦珠还",这条成语就打这儿出来的。

蚌回来了,珍珠自然就有了,老百姓的生活又安定下来。后来皇帝要把孟尝调升到别处做官,老百姓一听孟尝要走,就拉着马车不让他走。孟尝只好暂时留下来,但是圣旨不能违抗,趁着半夜他才偷偷离开了合浦。

现在我们用"合浦珠还"这条成语比喻东西失而复得或人去而复回。

更令明号
gēng lìng míng hào

——出自《韩非子·外储说左上》

春秋时候,楚厉王在宫门悬挂了一面大鼓,只要一敲这个鼓,整个楚国都城的老百姓都能听见。如果听到了这个鼓声,那就说明国家出了意外,有紧急情况,也许是敌军进犯,也许是水火灾害,大家要立即到王宫门前集合。京城里的老百姓都知道有这一条规定。

可是有一天晚上,楚厉王在宫里喝醉了酒,他先是在后宫里耍酒疯,耍完了酒疯,晃晃荡荡地到了宫门,一眼就看见这面鼓了,鼓的旁边正放着鼓槌,楚厉王伸手就把鼓槌拿起,对手下的侍从说:"今天我要敲敲这鼓,看看这鼓响不响。"

旁边内侍就说:"哎哟,大王,这鼓您可不能随便敲啊,您下过命令的,一敲这个鼓就说明有紧急情况,老百姓可都来了。"

楚厉王说:"老百姓都来吗?老百姓都来就更好了,正好看看我这命令是灵还是不灵?你们到时候就告诉他们,本王是跟他们开一个玩笑。"说到这儿,楚厉王拿着鼓槌子,梆、梆、梆……地敲上了,一敲还真起了作用,

大话成语

所有的老百姓都知道大鼓一响,必须紧急集合,全城的老百姓就全都到宫门外来了。楚厉王敲完鼓之后,酒性也发作完了,转身到后宫睡觉去了。可老百姓都来了,内宫的宦官们就出来宣布:"因为我们大王喝多了,酒醉之后砸起这面鼓来。我们曾经制止过,但他说是跟大家开一个玩笑。众位都请回吧,今天是大王开了个玩笑,实在对不起大家,对不起了。"老百姓一边往回走,一边骂,大家都决定下次如果听到鼓声再也不会来了。

几个月以后,宫中真失火了,楚厉王再命人敲鼓救火,可是百姓都认为还是楚王在闹着玩呢,一个人也没有来。有的大臣就跟楚厉王说:"大王,您酒醉之后那一顿敲鼓已经伤到了民心,您已经在老百姓的心中失去了信用了,已不能再号令大家了。您应该重新下达这个命令。"于是楚王把敲鼓集合的命令重申了一遍,以后若再听见鼓响,大家还得要来。这就是"更令明号"这条成语的来历,意思是重新申明号令,说明贤明君主应当取信于民。

束蕴请火

shù yùn qǐng huǒ

——出自《汉书·蒯通传》

古时候,有位年轻的妇女,脾气非常好,性格也温柔。可结婚之后,她的婆婆对她并不好,平日里还经常训斥她。

有一天,她们家厨房里丢了一块肉,婆婆就问她:"这肉是不是你偷了?"儿媳妇赶紧说:"我怎么能偷这肉呢?咱们是一家人,我偷这肉给谁呀?"婆婆说:"给谁?给你娘家呀。""我娘家离得挺远的,我怎么给她送啊?""那担不住你娘家来人啊。""我

娘家来人您会没看到吗？"她婆婆还是蛮不讲理，"正因为我没看着，所以你把这肉偷着给了你们娘家人，你还在抵赖。"儿媳妇当时就气哭了，儿媳妇一哭，满腹的冤屈更说不明白。婆婆逮着理了，就把这儿媳妇打发走了。

这媳妇走在大街上还在哭泣，正好碰见邻居大婶，邻居大婶就问："你这孩子怎么了？"媳妇回答说："我婆婆怀疑我偷了家里的一块肉，撵我回娘家。"邻居大婶说："好吧，那你走你的吧，一会儿我就让你婆婆在后边来追你。"

邻居大婶回到自己家里，就拿了一束蕴，也就是一束麻，点火引柴用的。她拿着这束麻，隔着院墙就冲着媳妇她婆婆喊了："大嫂子，借个火。"对过的婆婆问："借火干什么呀？"大婶说："我们家这两只狗，今天也不知道是从哪儿叼回来一块肉，两只狗抢一块肉，一只狗把另一只狗给咬死了。我借你家的火煮狗肉吃。"婆婆知道自己错怪了媳妇，又怕媳妇家的人来问罪，就赶紧跑出去把媳妇追了回来。

"束蕴请火"这条成语就出自这里，比喻求助于人，也比喻为人排难解纷。

狗猛酒酸
gǒu měng jiǔ suān

——出自《韩非子·外储说右上》

春秋时期的宋国有个酿酒的商人，技术非常高，他酿出来的酒，人们都特别爱喝，所以这个人就开了一家店铺专门卖自酿的酒，开始的时候买卖不错，很多老百姓都来打酒喝，生意挺兴隆。可是做着做着，打酒的人越来越少，后来干脆一天也看不到两三个来打酒的。这生意眼看着就做不下去了，日子一长，酒就放坏了，也变酸了。

这个人就觉得奇怪，为什么生意刚

大话成语

开始和现在差别这么大呢？恰好店门口走过当地的闾长，这个闾长是个老头，经历过很多事情，酒店的掌柜就问他："老人家，我想请教您一件事。我这个酒店刚开的时候还挺红火的，怎么现在喝酒的人越来越少了呢，打酒的人也没了呢？"

老头一听，捋着胡子瞧着掌柜的，问："小伙子，我问你，你这个酒店里是不是有狗啊？"

"对呀，我养着两只狗，我怕我的酒晚上被别人给偷去，所以就养了两只狗看家护院。"

"有一回，一个小孩拿着酒瓶子上你这儿打酒，你们家那狗嗷的一声就出来了，把人家小孩吓得一溜爬滚回了家。人家家里大人找你，你还一个劲儿给人赔礼道歉。你是个卖酒的，却在酒店里弄那么两只恶狗，谁还敢去啊？"

这条成语字面上的意思是，因狗凶猛致使酒变酸无人买；后比喻环境恶劣，前进困难；也比喻权臣当道，阻塞贤路。

再作冯妇 负隅顽抗
zài zuò féng fù　fù yú wán kàng

——出自《孟子·尽心下》

成语"再作冯妇"和"负隅顽抗"皆来源于一个故事。

战国年间，有个叫冯妇的人，力大过人，能跟老虎格斗，曾亲手把一头老虎摔死，周围邻居都知道冯妇是打虎英雄。可是随着年龄的增长，冯妇意识到一个问题，他心想，我整天在山里打老虎，指不定哪天就让老虎给吃了，我还是别打老虎了，学着做点善事吧。于是他找来了一个朋友，让这个朋友教他读书，很快，冯妇的眼界开阔了，知道了很多事理，同时也认识到自己过去做的事情只是莽夫所为，没有什么太大的意义。由于他的书读得不错，后来还当上了官。

一天，他和教他读书的朋友到郊外游玩，经过一座山，看到许多人正在追逐一只老虎。这帮人都是猎户，拿着猎叉棒棍，把虎撵到一个山坳处，这山坳后边是山，前面只有一个出口，老虎无路可退，就调转身来，瞪着两只眼睛瞅着人群，准备拼命。"负隅顽抗"这条成语就出自这里。

人群不敢进去,老虎也不敢往外冲。双方相持。其中有个猎户无意中一回头,一眼看到冯妇也在,大家就纷纷围过来请求他出手。

他旁边的朋友大声地说:"我告诉你们,这冯妇可不是过去的冯妇了,他现在打不动老虎了,你们还是自个儿解决吧。"可是大家你一言他一语地吹捧,冯妇按捺不住,他把袖子一挽,从车上跳下来,直奔那老虎,三下两下就把老虎打死了。

当冯妇回到车上的时候,他朋友就笑他:"看来呀,你还是当年爱打虎的那个冯妇啊。"

这个故事里出现两个成语,一个是"负隅顽抗","负"是依靠之意,"隅"是山势险要的地方,指凭借险阻,顽固抵抗。另一个是"再作冯妇",比喻再干旧行业。

鼓盆之戚
gǔ pén zhī qī
——出自《庄子·至乐》

庄子是战国时候的一位思想家,他有一个最好的朋友叫惠子。有一天惠子听说庄子的妻子死了,就上庄子家去吊唁。当惠子走到庄子家门前时,却发现庄子正分开双腿,像簸箕一样坐着,一边敲打着瓦缶一边唱歌。惠子心想,"有没有搞错啊?他妻子真死了吗?自己妻子死了,怎么能在门口唱歌呢?"他又一想,"要不就是庄子悲伤过度,精神失常,已经疯了。"不过他仔细一听庄子唱歌的内容,倒不像是胡言乱语。

于是惠子过来跟庄子打招呼,说:"你与你妻子生活了一辈子,生儿育女,同甘共苦,人死了不伤心哭泣也就算了,你竟然敲着瓦缶还唱起歌来,也太过分了吧!"

庄子回答说:"你是有所不知啊,你嫂子刚死的时候,我何尝不悲伤啊。正像你说的,她为我生儿育女,伴我一生,她死了,我是狠狠哭过的。可我哭了半天之后,仔细一想,人其实都难免一死。原来这人世上也没有你嫂子啊,后来她生到人世上来,到了一定的时候,她又离开人世走了。人世上很多的事不都是这样吗?哪有恒久存在的东西呢?就好像一年四季,有春就有夏,有夏就有秋,有秋就有冬,这是一种循环往复的规律,人也是这样。人死了之后,灵魂就永远安定了。我想,此刻你嫂子的灵魂已经平安了。我想到这点,就觉得用不着悲伤,而应该高兴。她从无到有,又从有到无,遵循着天地间的大规律呢,哭又有什么用呢?"

庄子的这个故事就留下了一个成语,叫"鼓盆之戚",旧指男性死了妻子。

弄玉吹箫
nòng yù chuī xiāo

——出自《列仙传拾遗》

春秋时期,秦国秦穆公手下,有一个史官,叫萧史,是个年轻英俊的小伙子。萧史能吹一口好箫,声音如泣如诉,婉转动听,经常能把孔雀、仙鹤都引来,孔雀和仙鹤听他吹箫时,还随着他箫里边的音律产生情绪变化,高兴的时候,孔雀会开屏;仙鹤也会亮翅。很多人都找萧史吹箫,包括秦穆公,闲暇之时,也请他来吹箫,秦穆公有个女儿,叫弄玉,长得就像美玉一样,也非常喜欢音乐,让萧史吹箫给她听。时间长了,两个年轻人之间萌发了爱情。秦穆公也很喜欢萧史,就把女儿嫁给了他。

萧史与弄玉成婚后,便教弄玉吹箫学凤的鸣声,学了十几年,弄玉吹出的箫声和真的凤凰叫声一样,甚至把天上的凤凰都引下来了,秦穆公就专门建造了一座凤凰台,这就是凤凰台的由来。萧史和弄玉住在凤凰台上,一连几年不饮不食,亦不下台。有一天,二人的演奏,引来了金龙紫凤,于是萧史乘龙,弄玉跨凤,双双升空而去,再没回来。后来据说两人都成了仙了。"弄玉吹箫"这条成语从此就流传下来了,比喻男欢女悦,结成爱侣,共享幸福。

管中窥豹
guǎn zhōng kuī bào

——出自《世说新语·方正》

晋朝的大书法家王羲之被称作书圣,书法堪称一绝。王羲之有个儿子叫王献之,从小就练书法,最后也成了大书法家,书法史上把王羲之、王献之父子称为"二王。"

当时很多人来求王献之的字画。这天有个朋友拿了柄扇子来,想请王献之写扇面。王献之提起笔来,蘸上墨正准备写,可墨蘸多了,"咻"的一下,一个墨点正掉在扇子当间。王献之一点没着急,拿着笔借着墨点,往外细抹就画了一头黑牛,那个点正好是牛犄角那个地方。画完了之后,朋友非常高兴,再三致谢。这件事情被大家传为美谈。

王献之很小的时候就展露出难得的才华,有一次他在院子里玩,院子里有几个人在玩赌博游戏,这种赌博游戏当时叫"樗蒲",类似于今天的掷色子。王献之站在人群外面,踮着脚也往里边瞧,他看着看着,好像看出点门道来,就嚷了一句"南风不竞"。"南风不

古话成语

竟"也是一条成语，说春秋时候晋国有一位大音乐家师旷，当时楚国在攻打陈国，晋国的国君跟群臣讨论楚国能不能得胜的问题，师旷说："我奏了一首北风曲，又奏了一首南风曲，北风曲很雄壮，南风曲很悲哀，像是有死气。南风曲象征着楚国，我料楚国是南风不竞，不竞就是没有力量，楚国肯定败。"所以王献之现在说"南风不竞"，就是指有一方恐怕要输了。王献之说完这句话，惹得旁边很多人都瞧他，大家都说："这个小孩管中窥豹，还能见一斑啊。"就是说在一根竹管里边往外看金钱豹，只能看到豹身花纹的一个斑点，只是一小部分。人们的意思是说别看王献之小，可还懂得一点胜负的形势。但王献之听了这话觉得伤了自尊，心想，你们这些大人也不用瞧不起我啊"，于是拂袖而去。

"管中窥豹"有两种截然不同的理解：一种是褒义的，比喻人们可以从观察到的事物的一部分来推测该事物的全貌；另一种则是贬义的，比喻看事物问题不全面方法不正确。

大话成语全套书索引

A

爱鹤失众	006 vol.1
安步当车	095 vol.1
安贫乐道	097 vol.1
按图索骥	067 vol.1
暗度陈仓	147 vol.1
暗箭伤人	133 vol.3

B

拔山举鼎	194 vol.3
白驹过隙	217 vol.3
白龙鱼服	132 vol.3
白云苍狗	218 vol.3
百感交集	008 vol.3
百折不挠	159 vol.1
班门弄斧	131 vol.3
半面之交	166 vol.1
半途而废	105 vol.2
包藏祸心	169 vol.1
抱残守缺	009 vol.3
抱瓮灌畦	169 vol.3
抱薪救火	171 vol.1
暴虎冯河	043 vol.1
杯弓蛇影	171 vol.3
髀肉复生	122 vol.1
鞭长莫及	173 vol.1
别开生面	173 vol.3
冰清玉润	192 vol.1
冰消瓦解	184 vol.3
病入膏肓	187 vol.1
伯仁由我而死	175 vol.3
博士买驴	188 vol.1
跛鳖千里	104 vol.2
卜昼卜夜	212 vol.3
不辨菽麦	199 vol.3
不甘雌伏	011 vol.3
不寒而栗	042 vol.3
不欺暗室	186 vol.1
不甚了了	099 vol.2
不识之无	165 vol.3
不食周粟	190 vol.1
不贪为宝	095 vol.2
不舞之鹤	103 vol.2
不学无术	167 vol.3
不因人热	105 vol.1
不越雷池一步	098 vol.2
步步莲花	013 vol.3

C

才高八斗	041 vol.3
沧海横流	111 vol.2
沧海遗珠	150 vol.1
藏污纳垢	039 vol.3
草木皆兵	123 vol.3
蟾宫折桂	174 vol.1
澶渊之盟	068 vol.2
长袖善舞	187 vol.2
唱筹量沙	184 vol.1
车载斗量	126 vol.3
城狐社鼠	204 vol.3
惩前毖后	209 vol.2
程门立雪	110 vol.2
齿亡舌存	038 vol.1
宠辱不惊	125 vol.3
出将入相	102 vol.2
除恶务尽	016 vol.3
杵臼之交	196 vol.1
楚囚南冠	121 vol.1
唇亡齿寒	037 vol.1
从善如流	015 vol.3

D

大笔如椽	138 vol.2
大方之家	050 vol.3
大树将军	206 vol.1
呆若木鸡	201 vol.1
待价而沽	091 vol.1
倒屣相迎	209 vol.1
低首下心	107 vol.2
定于一尊	194 vol.1
动心忍性	021 vol.3
独步一时	115 vol.2
独当一面	114 vol.2
杜渐防萌	198 vol.1

大话成语

断鹤续凫	008 vol.1	顾曲周郎	188 vol.3
断头将军	204 vol.1	管中窥豹	225 vol.1
多难兴邦	024 vol.3	归马放牛	216 vol.1
咄咄书空	128 vol.1	国士无双	151 vol.1
		裹足不前	110 vol.3

E

峨冠博带	108 vol.2		
鹅行鸭步	216 vol.3		
尔虞我诈	039 vol.3		
二桃杀三士	132 vol.2		

H

		海不扬波	113 vol.2
		骇人听闻	112 vol.3
		害群之马	109 vol.3
		邯郸学步	016 vol.2
		沆瀣一气	128 vol.2

F

发奸擿伏	182 vol.2	合浦珠还	218 vol.1
发指眦裂	108 vol.1	和事天子	124 vol.2
罚不当罪	187 vol.3	河东狮吼	136 vol.3
非驴非马	189 vol.1	河鱼腹疾	019 vol.2
蜚短流长	221 vol.3	涸辙之鲋	198 vol.3
分我杯羹	197 vol.1	洪乔捎书	214 vol.1
焚书坑儒	194 vol.1	侯门如海	085 vol.1
风声鹤唳	123 vol.3	狐死首丘	213 vol.3
蜂目豺声	131 vol.1	壶中天地	018 vol.3
奉公守法	136 vol.2	虎符救赵	118 vol.1
奉令承教	163 vol.1	虎踞龙盘	179 vol.3
夫人裙带	118 vol.2	虎狼之国	116 vol.3
伏龙凤雏	135 vol.2	户限为穿	084 vol.1
釜底游鱼	012 vol.3	怙恶不悛	186 vol.3
妇人之仁	116 vol.2	华而不实	137 vol.3
负荆请罪	082 vol.1	华封三祝	123 vol.2
负隅顽抗	222 vol.1	画虎类犬	107 vol.3
负重致远	134 vol.2	怀璧其罪	097 vol.2
腹心之疾	122 vol.3	怀刺不适	139 vol.3
覆水难收	135 vol.3	黄耳寄书	125 vol.2
		黄粱美梦	088 vol.1
		黄袍加身	213 vol.1

G

盖世之才	121 vol.2	挥汗成雨	130 vol.1
甘棠遗爱	118 vol.3	讳莫如深	012 vol.2
高山流水	120 vol.3	祸福无门	025 vol.3
高屋建瓴	211 vol.1		
高阳酒徒	032 vol.3		

J

割席分坐	210 vol.1	鸡虫得失	202 vol.2
更令明号	219 vol.1	鸡口牛后	204 vol.2
绠短汲深	146 vol.1	积不相能	220 vol.2
功败垂成	120 vol.2	及瓜而代	043 vol.3
攻苦食淡	161 vol.1	急来抱佛脚	111 vol.3
佝偻承蜩	009 vol.1	疾风知劲草	011 vol.2
狗猛酒酸	221 vol.1	嫉贤妒能	185 vol.3
狗尾续貂	117 vol.3	己饥己溺	141 vol.3
鼓盆之戚	223 vol.1	骥伏盐车	061 vol.1
故剑情深	132 vol.1	家鸡野雉	035 vol.3

228

家徒四壁	037 vol.3	狂奴故态	098 vol.1
假道灭虢	205 vol.3	旷日持久	005 vol.3
假仁纵敌	128 vol.3	困兽犹斗	062 vol.1
坚壁清野	198 vol.2		
间不容发	190 vol.3	**L**	
见卵求鸡	211 vol.2	蓝田生玉	045 vol.1
渐入佳境	046 vol.3	老蚌生珠	141 vol.2
江郎才尽	119 vol.2	老骥伏枥	142 vol.2
交浅言深	056 vol.3	老莱娱亲	193 vol.2
胶柱鼓瑟	075 vol.1	老牛舐犊	192 vol.2
蛟龙得水	126 vol.2	老妪能解	189 vol.3
蕉鹿之梦	087 vol.1	乐不思蜀	060 vol.3
狡兔三窟	130 vol.2	离心离德	053 vol.3
揭竿而起	143 vol.3	李代桃僵	203 vol.2
结草衔环	129 vol.1	厉兵秣马	033 vol.2
结驷连骑	056 vol.1	利令智昏	182 vol.1
竭池求珠	100 vol.1	连衽成帷	130 vol.1
竭泽而渔	101 vol.1	廉泉让水	057 vol.3
解衣推食	202 vol.3	两虎相斗	082 vol.1
金城汤池	048 vol.3	量体裁衣	146 vol.3
金貂换酒	049 vol.1	辽东白豕	068 vol.1
金谷酒数	207 vol.3	寥若晨星	177 vol.1
金龟换酒	047 vol.1	临渴掘井	202 vol.1
金迷纸醉	045 vol.3	临危不惧	148 vol.3
金瓯无缺	212 vol.2	六月飞霜	134 vol.1
金屋藏娇	014 vol.1	龙泉太阿	144 vol.1
锦囊佳句	145 vol.3	龙蛇飞动	099 vol.1
锦字回文	193 vol.3	龙骧虎步	143 vol.2
尽锐出战	001 vol.3	驴鸣犬吠	054 vol.3
噤若寒蝉	143 vol.1	绿衣使者	200 vol.3
精卫填海	001 vol.1	绿珠坠楼	020 vol.1
九牛一毛	148 vol.1	罗雀掘鼠	208 vol.3
居官守法	152 vol.1	洛阳纸贵	057 vol.1
橘化为枳	092 vol.1		
举案齐眉	103 vol.1	**M**	
举鼎绝膑	026 vol.2	马革裹尸	117 vol.1
举袂成幕	130 vol.1	卖剑买牛	062 vol.3
举足轻重	140 vol.2	门可罗雀	032 vol.1
君子固穷	193 vol.1	门墙桃李	145 vol.2
		门庭若市	031 vol.1
K		门无杂宾	146 vol.2
开门揖盗	093 vol.1	孟母三迁	147 vol.2
开天辟地	177 vol.3	米珠薪桂	016 vol.1
刻画无盐	156 vol.2	面无人色	139 vol.1
口蜜腹剑	033 vol.1	灭此朝食	004 vol.3
口血未干	050 vol.1	民无噍类	205 vol.3
扣盘扪烛	003 vol.3	名落孙山	148 vol.2
夸父逐日	002 vol.1	明目张胆	150 vol.3
宽猛相济	160 vol.1	明珠暗投	150 vol.2

大话成语

模棱两可	152 vol.3	千夫所指	023 vol.1
磨杵成针	010 vol.1	千金买赋	014 vol.1
磨穿铁砚	151 vol.2	千金买骨	026 vol.1
莫余毒也	020 vol.3	千金买邻	019 vol.1
木人石心	046 vol.1	千里莼羹	024 vol.1
目不识丁	175 vol.1	千里鹅毛	155 vol.2
目无全牛	154 vol.3	千里命驾	021 vol.1
沐猴而冠	035 vol.1	千虑一得	156 vol.2
暮夜无知	070 vol.1	千日醉酒	025 vol.1
		千头木奴	018 vol.1
N		前倨后恭	013 vol.1
南柯一梦	051 vol.3	钱可通神	006 vol.2
南山可移，判不可移	071 vol.1	强作解人	066 vol.1
南山有鸟，北山张罗	210 vol.3	樵柯烂尽	063 vol.1
牛鼎烹鸡	017 vol.1	切齿拊心	135 vol.1
牛角挂书	152 vol.2	窃时肆暴	055 vol.1
牛衣对泣	004 vol.1	亲痛仇快	162 vol.1
弄玉吹箫	224 vol.1	秦庭之哭	053 vol.1
弄獐宰相	035 vol.1	青门种瓜	065 vol.1
怒发冲冠	111 vol.1	青鸟使者	145 vol.1
		青钱万选	083 vol.3
P		青蝇吊客	209 vol.3
潘郎车满	040 vol.1	青毡旧物	054 vol.1
攀龙附凤	029 vol.1	轻裘缓带	165 vol.1
彭泽横琴	044 vol.1	请君入瓮	081 vol.1
蓬头历齿	158 vol.1	穷酸恶醋	058 vol.3
披肝沥胆	129 vol.3	茕茕孑立	074 vol.1
披星戴月	055 vol.3	秋风过耳	224 vol.2
蚍蜉撼树	038 vol.2	秋毫无犯	223 vol.2
片帆无恙	048 vol.2	求田问舍	125 vol.1
贫贱骄人	066 vol.3	曲高和寡	065 vol.3
牝鸡司晨	039 vol.1	曲突徙薪	063 vol.3
牝牡骊黄	073 vol.1	全无心肝	067 vol.3
破琴示绝	024 vol.2	权宜之计	060 vol.1
剖腹藏珠	094 vol.1	犬牙交错	007 vol.3
扑杀此獠	041 vol.2	群策群力	058 vol.1
Q		**R**	
七步之才	154 vol.2	人弃我取	047 vol.2
七擒七纵	100 vol.2	人人自危	158 vol.2
期期艾艾	203 vol.1	人神共愤	114 vol.1
蹊田夺牛	084 vol.2	人心如面	073 vol.3
齐大非偶	030 vol.1	人自为战	161 vol.2
齐人攫金	028 vol.1	日薄西山	219 vol.3
奇货可居	089 vol.1	日暮途穷	051 vol.1
歧路亡羊	039 vol.2	肉食者鄙	050 vol.2
骑虎难下	156 vol.3	肉袒牵羊	068 vol.3
骑者善堕	041 vol.1	如狼牧羊	042 vol.2
旗亭画壁	007 vol.2	如汤沃雪	201 vol.2

如坐针毡	116 vol.1	桃李无言	162 vol.2
入幕之宾	080 vol.1	桃源乐土	163 vol.3
阮囊羞涩	053 vol.2	特立独行	164 vol.2
		天无二日	049 vol.2
S		铁面御史	181 vol.3
三户亡秦	123 vol.1	听人穿鼻	213 vol.2
三年之艾	031 vol.3	同室操戈	077 vol.3
三人成虎	107 vol.1	同心同德	053 vol.3
三豕涉河	058 vol.2	铜琶铁板	158 vol.3
三纸无驴	188 vol.1	铜驼荆棘	027 vol.3
色衰爱弛	126 vol.1	投鞭断流	206 vol.2
杀彘教子	159 vol.2	投袂而起	057 vol.2
山中宰相	093 vol.3	投鼠忌器	078 vol.2
上楼去梯	065 vol.2	图穷匕见	136 vol.1
上下其手	034 vol.2	屠龙之技	081 vol.2
舍本逐末	082 vol.3	土崩瓦解	165 vol.2
甚嚣尘上	079 vol.3	吐哺握发	086 vol.3
尸位素餐	114 vol.3	兔死狗烹	044 vol.2
十二金牌	029 vol.2	推心置腹	084 vol.3
十室九空	062 vol.2	退思补过	166 vol.2
十行俱下	186 vol.2	唾面自干	070 vol.2
始作俑者	069 vol.3		
势如破竹	071 vol.3	**W**	
室如悬磬	072 vol.3	剜肉医疮	091 vol.3
舐糠及米	064 vol.2	完璧归赵	111 vol.1
噬脐莫及	215 vol.1	亡戟得矛	207 vol.1
守望相助	075 vol.3	网开三面	045 vol.2
首鼠两端	208 vol.1	望洋兴叹	050 vol.3
蜀犬吠日	076 vol.3	危如累卵	088 vol.3
束蕴请火	220 vol.1	韦编三绝	009 vol.2
束之高阁	078 vol.3	围魏救赵	077 vol.1
数典忘祖	181 vol.1	尾大不掉	030 vol.3
率马以骥	055 vol.2	未雨绸缪	182 vol.3
率兽食人	069 vol.3	闻过则喜	169 vol.2
水晶灯笼	094 vol.3	刎颈之交	082 vol.1
吮痈舐痔	214 vol.2	瓮里醯鸡	090 vol.3
隋珠弹雀	081 vol.3	乌合之众	170 vol.1
岁寒松柏	010 vol.2	无出其右	200 vol.1
孙庞斗智	077 vol.1	吴牛喘月	183 vol.1
所向无前	216 vol.2	吴市吹箫	208 vol.2
		吴下阿蒙	199 vol.2
T		吴越同舟	207 vol.2
泰山压卵	034 vol.3	五日京兆	181 vol.2
贪多务得	191 vol.3		
贪天之功	085 vol.3	**X**	
谈言微中	195 vol.3	惜玉怜香	178 vol.1
探囊取物	072 vol.2	席不暇暖	222 vol.2
螳臂当车	159 vol.3	下车泣罪	167 vol.2
螳螂捕蝉，黄雀在后	161 vol.3	先声后实	046 vol.2

231

大话成语

先我着鞭	138 vol.1	以暴易暴	220 vol.3
响遏行云	075 vol.2	以古非今	196 vol.2
项庄舞剑	108 vol.1	以邻为壑	088 vol.2
象箸玉杯	170 vol.2	以夷制夷	085 vol.2
萧规曹随	031 vol.2	倚马可待	222 vol.3
笑骂从汝	171 vol.2	倚门倚闾	219 vol.1
杏林春满	180 vol.1	亦步亦趋	025 vol.1
休戚相关	063 vol.2	异军突起	106 vol.3
羞与哙伍	218 vol.2	因噎废食	052 vol.2
		尹邢避面	157 vol.1

Y

		引而不发	022 vol.1
宴安鸩毒	028 vol.2	饮醇自醉	189 vol.1
燕巢于幕	096 vol.3	饮鸩止渴	071 vol.2
燕雀处堂	067 vol.2	郢书燕说	004 vol.1
羊续悬鱼	020 vol.2	优孟衣冠	167 vol.1
羊质虎皮	011 vol.1	有脚阳春	197 vol.2
仰人鼻息	054 vol.2	有天无日	074 vol.2
养虎遗患	183 vol.3	有征无战	105 vol.3
瑶林琼树	173 vol.2	于思于思	214 vol.3
杳如黄鹤	113 vol.1	愚公移山	003 vol.1
要言不烦	176 vol.1	与虎谋皮	073 vol.2
叶公好龙	083 vol.2	羽翼已成	093 vol.2
曳尾涂中	023 vol.2	欲盖弥彰	080 vol.2
夜郎自大	018 vol.2	遇事生风	102 vol.3
一暴十寒	175 vol.2	缘木求鱼	100 vol.1
一饭千金	174 vol.2	远交近攻	001 vol.2
一傅众咻	028 vol.3	运筹帷幄	036 vol.2
一死一生、乃知交情,			
一贫一富、乃知交态,			
一贵一贱、交情乃见。	091 vol.2		

Z

		载酒问字	099 vol.3
一寒如此	086 vol.2	再作冯妇	222 vol.1
一蒉已足	059 vol.2	造化小儿	180 vol.1
一馈十起	087 vol.3	债台高筑	103 vol.3
一毛不拔	092 vol.2	昭然若揭	225 vol.1
一鸣惊人	068 vol.3	枕戈待旦	138 vol.1
一木难支	097 vol.3	振臂一呼	217 vol.1
一抔之土	176 vol.1	之乎者也	178 vol.1
一丘之貉	129 vol.2	芝兰玉树	098 vol.3
一身两役	060 vol.2	知其一不知其二	036 vol.2
一团和气	090 vol.2	纸上谈兵	075 vol.1
一误再误	179 vol.2	忠言逆耳	153 vol.1
一心一德	053 vol.3	终南捷径	184 vol.2
一夜十起	077 vol.2	众志成城	105 vol.1
一衣带水	003 vol.2	逐臭之夫	015 vol.2
一字之师	092 vol.3	逐鹿中原	013 vol.2
贻笑大方	050 vol.3	捉襟见肘	047 vol.3
移花接木	141 vol.1	邹缨齐紫	154 vol.1